www.ingramcontent.com/pod-product-compliance
Lightning Source LLC
LaVergne TN
LVHW010409070526
838199LV00065B/5925
9789369086009

بیدی:

اردو کا نمائندہ افسانہ و ناول نگار

مرتبہ:

سید حیدرآبادی

© Taemeer Publications LLC
Bedi : Urdu ka numaainda Afsana-o-Novel nigaar
by: Syed Hyderabadi
Edition: December '2024
Publisher :
Taemeer Publications LLC (Michigan, USA / Hyderabad, India)

ISBN 978-93-6908-600-9

مرتب یا ناشر کی پیشگی اجازت کے بغیر اس کتاب کا کوئی بھی حصہ کسی بھی شکل میں بشمول ویب سائٹ پر اَپ لوڈنگ کے لیے استعمال نہ کیا جائے۔ نیز اس کتاب پر کسی بھی قسم کے تنازع کو نمٹانے کا اختیار صرف حیدرآباد (تلنگانہ) کی عدلیہ کو ہو گا۔

© تعمیر پبلی کیشنز

کتاب	:	**بیدی : اردو کا نمائندہ افسانہ و ناول نگار**
مرتب	:	**سید حیدرآبادی**
صنف	:	تحقیق و تنقید
ناشر	:	تعمیر پبلی کیشنز (حیدرآباد، انڈیا)
سالِ اشاعت	:	۲۰۲۴ء
صفحات	:	۹۲
سرورق ڈیزائن	:	تعمیر ویب ڈیزائن

فہرست

(۱)	راجندر سنگھ بیدی حیات و شخصیت	ڈاکٹر روزینہ اختر	6
(۲)	اردو کے معروف فکشن نگار راجندر سنگھ بیدی	ڈاکٹر قمر صدیقی	13
(۳)	راجندر سنگھ بیدی	-	19
(۴)	راجندر سنگھ بیدی کی افسانہ نگاری	ڈاکٹر سیّد احمد قادری	24
(۵)	راجندر سنگھ بیدی کے اسلوب اور زبان کا تنقیدی مطالعہ	پرویز شہریار	32
(۶)	راجندر سنگھ بیدی: ایک بے مثال افسانہ نگار، مکالمہ نگار	عبدالحفیظ ظفر	52
(۷)	راجندر سنگھ بیدی اور ایک چادر میلی سی	محمد توصیف	55
(۸)	راجندر سنگھ بیدی کا ناولٹ "ایک چادر میلی سی"...	جمشید احمد ٹھوکر	61
(۹)	راجندر سنگھ بیدی کی افسانہ نگاری...	ڈاکٹر نورینہ پروین	72
(۱۰)	راجندر سنگھ بیدی کا شاہکار افسانہ لاجونتی...	گلشن جہاں	79
(۱۱)	راجندر سنگھ بیدی: اردو کا قد آور اور منفرد افسانہ نگار	رؤف خلش	88

راجندر سنگھ بیدی حیات و شخصیت
ڈاکٹر روزینہ اختر

راجندر سنگھ بیدی اردو ادب کے سب سے زیادہ جذباتی افسانہ نگار تصور کیے جاتے ہیں لیکن ان کی جذباتیت میں گہرائی اور سکون ہے۔ بیدی کا نام ادبی دنیا میں کسی تعارف کا محتاج نہیں ہے۔ اردو ادب کی دنیا میں اُن کا نام اہمیت کا حامل ہے۔ بیدی اردو افسانہ کے چار ستونوں میں سے ایک ہیں۔ اُن کا نام اردو کے نامور افسانہ نگاروں اور ناول نگاروں مثلاً منشی پریم چند، کرشن چندر، سعادت حسین منٹو، عصمت چغتائی حیات اللہ انصاری وغیرہ کے ساتھ لیا جاتا ہے۔ اردو دنیا کا ہر آدمی بیدی کے نام سے بخوبی واقف ہے

راجندر سنگھ بیدی کا جنم یکم ستمبر ۱۹۱۵ء کو لاہور میں ہوا۔ اُن کے والد کا نام ہیر اسنگھ بیدی اور والدہ کا نام سیو ادیوی تھا، جو کہ ہندو برہمن خاندان سے تعلق رکھتی تھیں۔ اور والد کھتری سکھ تھے، چونکہ دونوں کا مذہب الگ الگ تھا اس لیے دونوں نے گھر سے بھاگ کے شادی کی تھی۔ اُن کے والد پوسٹ آفس میں ملازم تھے۔ بیدی کے والد ہر مذہب کو ماننے والے اور ہر تہوار کو عقیدت سے مناتے تھے۔ اس ماحول کا بیدی کی زندگی پر بھی گہرا اثر پڑا، ہر کسی کے دکھ کو شدّت سے محسوس کرنا، اپنے کرداروں میں اپنے آپ کو سمو دینا اور مزاج کی چاشنی اُنہیں والدین سے وراثت میں ملی تھی۔

راجندر سنگھ بیدی کی والدہ اردو، ہندی اور تھوڑی بہت انگریزی بھی جانتی

تھیں۔ پانچ برس کی عمر میں بیدی کو راماین اور مہابھارت کی کہانیاں، اپنے مذہب کے گورو صاحبان کی حالاتِ زندگی، الف لیلیٰ کے قصّے و کہانیاں، ولیوں اور بزرگوں کے سب قصّے یاد تھے۔ ۱۹۳۱ء میں اُنہوں نے ایس۔ جی۔ پی۔ اے خالصہ ہائی اسکول سے دسویں جماعت کا امتحان پاس کیا۔ ۱۹۳۳ء میں لاہور ہی کے ڈی۔ اے۔ وی کالج سے انٹر میڈیٹ کا امتحان پاس کرنے کے بعد بی۔ اے میں داخلہ لیا۔ اسی دوران اُن کی والدہ کا تپ دق سے انتقال ہوگیا۔ والدہ کے انتقال کے چند ہی سال بعد یعنی ۱۹۳۸ء میں اُن کے والد بھی اس جہانِ فانی سے کوچ کر گئے۔ والدین کی موت کے بعد بیدی اپنی تعلیم جاری نہ رکھ سکے۔ بیدی نے ملازمت کا آغاز ۱۹۳۳ء میں لاہور کے پوسٹ آفس میں کلرک کی حیثیت سے کیا۔ دس سال کام کرنے کے بعد ملازمت سے استعفیٰ دے دیا اور دہلی میں مرکزی حکومت کی پبلیسیٹی ڈیپارٹمنٹ سے وابستہ ہو گئے لیکن یہ سلسلہ بھی چھ ماہ سے زیادہ نہ چل سکا۔ اُس کے بعد وہ لاہور پہنچے اور آل انڈیا ریڈیو سے بحیثیت آرٹسٹ وابستہ ہوگئے۔ تقسیمِ ہند کے بعد اُن کی منتقلی دہلی میں ہوگئی۔ ۱۹۴۸ میں وہ ادیبوں کے ایک وفد کے ساتھ کشمیر گئے اور شیخ عبداللہ نے اُنہیں جموّں و کشمیر ریڈیو اسٹیشن کا ڈائریکٹر مقرر کر دیا۔ اُن ہی کی کوششوں سے سرینگر ریڈیو اسٹیشن کی بنیاد رکھی گئی۔ کشمیر میں اُن کا قیام صرف ایک سال تک رہا۔ بخشی غلام محمد سے اختلاف کے سبب ۱۹۴۹ء میں کشمیر کو خیر آباد کہا اور دہلی سے ہوتے ہوئے ممبئی چلے گئے اور آخری دم تک وہیں رہے۔ بیدی کا انتقال ۱۱ نومبر ۱۹۸۴ء کو ممبئی میں ہی ہوا۔

راجندر سنگھ بیدی کا پہلا افسانوی مجموعہ "دانہ و دام کے نام سے شایع ہوا ہر ترقّی یافتہ سماج کا ایک مخصوص تمدن و کلچر ہوتا ہے۔ اور یہ تمدن اس سماج میں رہنے والے ادباء و شعرا کی تخلیقات میں بھی نظر آتا ہے۔ بیدی کا تعلق چونکہ پنجاب سے تھا اس لیے ان کی

کہانیوں میں پنجابی معاشرے کی بے حد خوبصورت جھلک نظر آتی ہے۔ بیدی اردو کے ان افسانہ نگاروں میں شمار ہوتے ہیں جن کے افسانے پنجاب کی تہذیب، کلچر،، زبان اور سماجی روایات کی سچی اور حقیقی تصویریں پیش کرنے کی بنا پر ہمارے سماجی مطالعے کا حصّہ بنتے رہے ہیں۔ بیدی اپنے افسانوں میں جس قدر حقیقی اور سچّی تصویر پیش کرتے ہیں ان کو مدِ نظر رکھتے ہوئے ہمیں بیدی کے سماجی مشاہدے کا قائل ہونا پڑتا ہے۔ وارث علوی ان کے بارے میں لکھتے ہیں کہ:

بیدی کی کہانیوں کا مرکزی کردار بنیادی طور پر ایک سماجی آدمی ہے۔ وہ اپنے کنبہ اپنی کمیونٹی، اپنی تہذیبی، مذہبی اور اخلاقی فضاوں میں جینے والا آدمی ہے۔ بیدی اس کردار کی پیشکش میں اس کے گرد و پیش کے ماحول کی ایسی جزرس عکاسی کرتے ہیں کہ کردار اپنی زمین میں پیوست نظر آتا ہے۔ وہ دکھی ہے، غم زدہ ہے، سماج کا ستایا ہوا ہے ،نامساعد حالات کے شکنجے میں قید ہے لیکن اُکھڑا ہوا نہیں ہے۔ اس کا المیہ یہی ہے کہ وہ اس زمین میں اپنی جڑیں پیوست کرنا چاہتا ہے۔؛؛راجندر سنگھ بیدی از وارث علوی (ص نمبر ۲۳)

اُن کے تقریباً سبھی کردار ہندوستانی معاشرے کے وہ کردار ہیں جن کا تعلق متوسط طبقے سے ہے۔ ان کے افسانہ لاجونتی" میں لاجو کے کردار کا تجزیہ کرنے سے یہ بات واضح ہو جاتی ہے کہ بیدی کردار سازی کے عمل میں تہذیبی اور معاشرتی عوامل کو نظر انداز نہیں کرتے۔ ان کے تقریباً سبھی افسانوں میں ہمیں ہندوستانی اور خاص طور پر پنجابی معاشرے کی ایک جیتی جاگتی تصویر نظر آتی ہے۔

بیدی کے زیادہ تر افسانوں کا پس منظر ہندوستانی ہے۔ "اپنے دُکھ مجھے دے دو"، "گرہن"، "لاجونتی"، "حجامالہ آباد والے"، "من کی من میں"، "چھوکری کی لوٹ"، "

رحمٰن کے جوتے"، بھولا"، تلادان" وغیرہ ان کے ایسے افسانے ہیں جن میں ہندوستانی تہذیب و معاشرت کی سچّی تصویر کشی کی گئی ہے، بقول وارث علوی:

بیدی کے افسانوں میں ہندوستان کی روح جاگتی ہے۔اُن کے افسانوں میں اس دھرتی کی بو باس بسی ہوئی ہے۔"

بیدی کی کہانیوں میں نسوانی کرداروں کی بھرمار بھی نظر آتی ہے۔ بیدی نے اپنی کہانیوں میں عورت کو پاک دامن اور وفا شعار بتایا ہے۔اُن کے افسانوں میں ہمیں عورت ہمیشہ ماں یا بیوی کے روپ میں نظر آتی ہے جو محبت اور وفا کے جذبے سے سرشار ہوتی ہے۔ بیدی کی کہانیوں کی عورت خاص ہندوستانی روپ میں قارین کے سامنے آتی ہے۔ بیدی کے یہاں عورت کے کردار مرد سے زیادہ توانا اور باوقار نظر آتے ہیں۔ان کے نسوانی کرداروں میں جنسیت کے مقابلے مادرانہ شفقت اور تخلیقات کے جذبے کی کارفرمائی ہے۔اُنھوں نے شروع سے ہی عورت کو اپنے فن کا محور و مرکز بنانے کی کوشش کی ہے۔انہوں نے یوں تو اپنی کہانیوں میں ہر طرح کے کردار پیش کیے ہیں لیکن عورت کے کردار کو انہوں نے خاص طور پر اپنے مخصوص انداز میں پیش کرنے کی سعی کی ہے۔ ان کی کہانیوں میں عورت کا کردار ایک مرکزی حیثیت رکھتا ہے۔انہوں نے عورت کے بے شمار روپ گنوایے ہیں لیکن کہیں نہ کہیں اس کی مادرانہ شفقت ہمیشہ پڑھنے والوں کو متاثر کرتی ہے۔ بیدی کے نسوانی کرداروں کے بارے میں ڈاکٹر زاہدہ بی اپنی کتاب میں لکھتی ہیں کہ:

بیدی نے عورت کے جذبات، دلی کیفیات و نفسیات کی آئینہ داری مختلف زاویوں سے کی اور عورت کی معنویت کو سمجھنے کے لیے مرد کی نفسیا تکو پہلو بہ پہلو بیان کیا۔ عورت اور خاص کر ہندوستانی عورت ہر حال میں ممتا کا روپ ہے کہیں براہ راست کہیں بلواسطہ وہ

شفقت و ہمدردی کی مورت ہے (راجندر سنگھ بیدی کی تخلیقات میں نسوانی کرداروں کا تجزیاتی مطالعہ از زاہدہ بی ص نمبر ۱۵۴)

سید محمود کاظمی اپنی کتاب میں لکھتے ہیں کہ:

بیدی کی وہ ساری کہانیاں جن میں عورت کو بیوی یا شریکِ حیات بنا کر پیش کیا گیا ہے۔ ان میں مشرقی تصوّر حیات کو اولیت دی گئ ہے۔ انہوں نے ازدواجی زندگی کے اسی تصور کو پیش کیا ہے جو مشرق تہذیب سے عبارت ہے۔ عورتوں کو وہ خالصتاً خاتونِ خانہ کی حیثیت سے متعارف کرواتے ہیں۔ ان کے افسانوں میں عورت ایک اچھی معلمہ، کامیاب سیاستدان، صحافی اور اعلیٰ سرکاری افسر کی حیثیت سے کہیں نظر نہیں آتی۔ انہوں نے عورت کے دایرۂ عمل کو گھر کی چار دیواری تک ہی محدود رکھا۔ (راجندر سنگھ بیدی ایک سماجی و تہذیبی مطالعہ از سید محمود کاظمی صفحہ نمبر ۱۵۹)

ان کی کہانیوں میں ہمیں نئ موضوعاتی جہت ملتی ہے اور اس کے ساتھ ہی ساتھ ان کے سماجی پس منظر کو سمجھنے میں بھی آسانی ملتی ہے۔ بیدی کے افسانوں میں صرف پنجاب کے تہذیبی و سماجی معاشرے کی عکاسی نہیں ہوتی بلکہ اُن کی کہانیوں کے مختلف کردار مثلاً سیتا، درباری، شمّی، رشید الدین، لکھی سنگھ، صفدر مایا، سنت رام، بابو رحمٰن، مُنّی وغیرہ اپنی اپنی سطح پر مختلف سماجی و تہذیبی معاشروں کی عکاسی کرتے ہیں۔ ہندوستانی معاشرے میں روایت سے وابستگی عام انسان کی نفسیات میں داخل ہے اور بیدی نے اپنی کہانیوں میں جابجا اپنی فنکارانہ مہارت سے تہذیب کے اس پہلو کو پیش کیا ہے۔

راجندر سنگھ بیدی کے افسانوں میں تمدّن اور معاشرت کی عکاسی اپنے دامن میں اساطیر، مذہب، روایات، تاریخ، فلسفہ وغیرہ کے کتنی ہی تہذیبی مناظر کی ایک دنیا آباد کئے ہوئے ہے۔ ہندوستانی تمدن کا ایک تاریک پہلو وہ سماجی رکاوٹیں ہیں جنہوں نے

انسان کو مختلف ذاتوں میں تقسیم کر رکھا ہے۔ اونچ نیچ، چھوت چھات، سماجی نابرابری، جبر و تشدّد، بھوک و افلاس اور جہالت کی ایک ایسی بستی آباد کر رکھی ہے جس کی بدولت سماج کے ایک بڑے طبقے میں انسان کا جینا دشوار ہے۔ بیدی نے اپنے افسانوں کے ذریعے سماج کی اس صورتحال کو پیش کیا ہے اور قارئین کو اس کے خطرناک نتائج سے آگاہ کیا ہے۔ ان کا افسانہ تلادان" اس سلسلے کی ایک کامیاب کوشش ہے۔ یہ ایک دھوبی کے بچے کی کہانی ہے جو عزتِ نفس اور خود بینیِ ذات کے جذبے سے سرشار ہے۔

اسی طرح سماج میں پنپنے والی ہر چھوٹی چھوٹی بُرائی کو بیدی نے اپنی کہانیوں میں جگہ دی اور ایسے کامیاب ناول اور افسانے تحریر کیے جو کہ بے نظیر ہیں۔ اُنہوں نے ہندوستان کے ملے جلے کلچر و تہذیب اور تمدن کو اپنے افسانوں کے ذریعے منظرِ عام پر لایا۔ ان کی کہانیوں میں ہمیں ہندوستانی کلچر کی جھلک صاف دکھائی دیتی ہے۔ انہوں نے اپنی کہانیوں کے موضوعات اپنی گرد وپیش کے ماحول سے اخذ کیے ہیں۔ ان کی کہانیوں میں پورا پنجاب سانس لیتا دکھائی دیتا ہے۔

بیدی کے کرداروں میں تخیل کی رنگینی اور عادات کی پختگی ہے، انسان کے چھوٹے چھوٹے کاموں میں ذہنی عمل اور جذبات کو گہرا دخل ہوتا ہے۔ بیدی نے اس کی اہمیت پر غور کیا۔ اس لیے جو بات دوسروں کی کہانیوں میں غیر ضروری اور سپاٹ معلوم ہوتی ہے وہی بات اُن کے یہاں کہانی کی دلکشی کا باعث بنتی ہے۔ بیدی کے کردار کی پیش کش میں اس کے گرد وپیش کے ماحول کی صیحح عکاسی ملتی ہے جس سے کردار اپنی زمین میں پیوست نظر آتا ہے۔ بیدی کے افسانوں کی طاقت کا راز بھی اسی میں پنہاں ہے کہ اُنہوں نے عام آدمی کی زندگی سے اپنا رشتہ استوار کیا۔ غریب ہندوستانی عوام کی زندگی کے مشاہدے سے بیدی کے فنکارانہ تخّیل نے توانائی پائی۔ بیدی نے ایسی ایسی کہانیاں لکھی

ہیں جن کے ذریعے سماجیات اور اخلاقیات کو زندگی کی کسوٹی پر پرکھا جا سکتا ہے۔

المختصر راجندر سنگھ بیدی اردو کے ایک اہم اور اعلیٰ پایہ کے افسانہ نگار ہیں۔ انہوں نے اپنے افسانوں میں ہندوستانی تہذیب اور معاشرے کی ایسی جیتی جاگتی تصویر پیش کی ہے کہ جس میں پورا ہندوستان اور خاص طور پر پنجابی کلچر سانس لیتا دکھائی دیتا ہے۔ بیدی نے گرد و پیش میں پیدا ہونے والے تمام چھوٹے چھوٹے واقعات کو اپنی کہانیوں کے ذریعئے اُبھارا ہے۔ بیدی نے ہندوستانی معاشرے کے ایک ایسے ماحول کی عکاسی کی ہے جس میں بھوک افلاس، جہالت، سماجی نابرابری، جبر و تشدد وغیرہ موضوعات پنپتے ہوئے دکھائی دیتے ہیں۔ اردو دنیا میں بیدی اس مقام پر ہیں جہاں بعد کے آنے والے افسانہ نگاروں کی رسائی ناممکن ہے۔

***

اردو کے معروف فکشن نگار راجندر سنگھ بیدی

ڈاکٹر قمر صدیقی

اردو کے معروف فکشن نگار راجندر سنگھ بیدی غیر منقسم پنجاب کے ضلع سیالکوٹ کی تحصیل ڈسکا میں ۱۹۱۵ میں پیدا ہوئے۔ زندگی کے ابتدائی ایام لاہور میں گزرے۔ اس زمانے کی روایت کے مطابق انھوں نے اپنی ابتدائی تعلیم اردو میں حاصل کی۔ ۱۹۳۱ میں میٹرک کا امتحان پاس کرنے کے بعد ڈی۔اے۔وی کالج لاہور سے انٹر میڈیٹ کیا۔ گھر کے معاشی حالات بہت اچھے نہ تھے اس وجہ سے وہ اپنی تعلیم جاری نہ رکھ سکے اور ان کا گریجویشن کرنے کا خواب شرمندۂ تعبیر نہ ہوسکا۔ ۱۹۳۲ سے طالب علمی کے زمانے میں ہی انگریزی، اردو اور پنجابی میں نظمیں اور کہانیاں لکھنے لگے تھے۔

راجندر سنگھ بیدی کے معاشی حالات چونکہ اچھے نہ تھے۔ لہٰذا محض ۱۸ سال کی عمر میں انھوں نے لاہور پوسٹ آفس میں ۱۹۳۳ میں بطور کلرک ملازمت اختیار کرلی۔ یہ ملازمت ان کی تخلیقی صلاحیتوں کو راس نہیں آرہی تھی اور وہ بہتر ملازمت کی تلاش میں تھے۔ ۱۹۴۱ میں انھیں آل انڈیا ریڈیو، لاہور کے اردو سیکشن میں ملازمت مل گئی۔ آل انڈیا ریڈیو کے ادبی ماحول میں ان کی صلاحیتیں دھیرے دھیرے نکھرنے لگیں۔ اس دوران انھوں نے ریڈیو کے لیے متعدد ڈرامے تحریر کیے۔ ان ڈراموں میں "خواجہ سرا" اور "نقل مکانی" بہت مشہور ہوئے۔ بعد ازاں ان دونوں ڈراموں کو ملاکر انھوں نے

۱۹۷۰ میں فلم "دستک" بنائی۔

۱۹۴۳ میں راجندر سنگھ بیدی لاہور کے مہیشوری فلم سے وابستہ ہوگئے۔ اس ملازمت میں ڈیڑھ سال رہنے کے بعد وہ آل انڈیا ریڈیو واپس آگئے۔ ریڈیو واپسی پر انھیں جموں میں تعینات کیا گیا جہاں وہ ۱۹۴۷ تک رہے۔ ۱۹۴۷ میں ملک کی تقسیم ہوئی اور بیدی کا خاندان ہندوستان کی ریاست پنجاب کے فاضلکہ میں آباد ہوگیا۔ البتہ بیدی پاکستان سے نقل مکانی کرکے ممبئی آگئے اور فلم انڈسٹری سے وابستہ ہوئے۔ ڈی ڈی کیشپ کی نگرانی میں بننے والی فلم "بڑی بہن" بطور مکالمہ نگار ہندوستان میں بیدی کی پہلی فلم تھی۔ یہ فلم ۱۹۴۹ میں ریلیز ہوئی۔ ان کی دوسری فلم "داغ" تھی جسے بے پناہ مقبولیت حاصل ہوئی اور فلم انڈسٹری میں بیدی کی شناخت قائم ہوگئی۔ "داغ" ۱۹۵۲ میں ریلیز ہوئی تھی۔

۱۹۵۴ میں بیدی نے امر کمار، بلراج ساہنی اور گیتا بالی کے ساتھ مل کر "سِنے کو آپریٹیو" نامی فلم کمپنی کی بنیاد رکھی۔ اس کمپنی نے پہلی فلم "گرم کوٹ" بنائی جو بیدی کے ہی مشہور افسانہ "گرم کوٹ" پر مبنی تھی۔ اس فلم میں بلراج ساہنی اور نروپا رائے نے مرکزی کردار ادا کیا تھا جبکہ امر کمار نے ہدایت کاری کی خدمات انجام دی تھیں۔ اس فلم کے ذریعے راجندر سنگھ بیدی کو پہلی بار اسکرین پلے تحریر کرنے کا موقع ملا۔ سِنے کو آپریٹیو نے دوسری فلم "رنگولی" بنائی جس میں کشور کمار، وجنتی مالا اور درگا کھوٹے نے مرکزی کردار ادا کیے اور امر کمار نے ڈائریکشن دیا۔ اس فلم میں بھی اسکرین پلے راجندر سنگھ بیدی نے ہی تحریر کیا تھا۔

اپنی ذاتی فلم کمپنی کے باوجود بیدی نے مکالمہ نگاری جاری رکھی اور متعدد مشہور فلموں کے ڈائیلاگ تحریر کیے۔ جن میں سہراب مودی کی فلم "مرزا غالب" (۱۹۵۴)،

بمل رائے کی فلم "دیو داس" (۱۹۵۵) اور "مدھومتی" (۱۹۵۸) امر کمار اور ہریکیش مکر جی کی فلمیں "انورادھا" (۱۹۶۰)، "انوپما" (۱۹۶۹)، "ستیم" (۱۹۶۶)، "ابھیمان" (۱۹۷۳) وغیرہ شامل ہیں۔

۱۹۷۰ میں فلم "دستک" کے ساتھ انھوں نے ہدایت کاری کے شعبہ میں قدم رکھا۔ اس فلم میں سنجیو کمار اور ریحانہ سلطان نے مرکزی کردار ادا کیے تھے جبکہ موسیقی کار مدن موہن تھے۔ "دستک" کے علاوہ انھوں نے مزید تین فلموں "پھاگن" (۱۹۷۳)، "نواب صاحب" (۱۹۷۸) اور "آنکھوں دیکھی" (۱۹۷۸) میں ہدایت کاری کے جوہر دکھائے۔

راجندر سنگھ بیدی کے ناول "ایک چادر میلی سی" پر ہندوستان اور پاکستان دونوں ملکوں میں فلم بن چکی ہے۔ پاکستان میں ۱۹۷۸ میں "مٹھی بھر چاول" کے عنوان سے جبکہ ہندوستان میں "ایک چادر میلی سی" کے ہی نام سے ۱۹۸۶ میں۔ اس طرح وہ بر صغیر ہند و پاک کے واحد فکشن نگار ہیں جن کی ایک ہی کہانی پر دونوں ممالک میں یعنی ہندوستان اور پاکستان میں فلم بن چکی ہے۔ بیدی کے افسانے "لاجونتی" پر نینا گپتا ۲۰۰۶ میں ایک ٹیلی فلم بھی بنا چکی ہیں۔

راجندر سنگھ بیدی کی شادی خاندانی روایت کے مطابق کم عمری میں ہی ہو گئی تھی۔ ان کی بیوی گھریلو خاتون تھیں اور بیدی نے تا عمر ان کے ساتھ محبت اور رواداری کا سلوک رکھا۔ حالانکہ اداکارہ ریحانہ سلطان کے ساتھ معاشقے کی خبریں بھی گرم ہوئیں تاہم بیدی کی ازدواجی زندگی پر اس کے کچھ خاص اثرات مرتب نہیں ہوئے۔ بیدی کی شخصیت میں امن پسندی، صلح کل اور محبت و رواداری کوٹ کوٹ کر بھری تھی۔ یہی

محبت واپنائیت ان کی کامیاب ازدواجی زندگی کا سبب بنی۔ بیدی کی صرف ایک اولاد تھی جس کا نام نریندر بیدی تھا۔ جوان ہو کر نریندر بھی فلم انڈسٹری سے وابستہ ہو گئے اور بطور فلم ڈائریکٹر اور فلم ساز انھوں نے خوب نام کمایا۔ ان کی مشہور فلموں میں "جوانی دیوانی" (۱۹۷۲)، "بے نام" (۱۹۷۴)، "رفو چکر" (۱۹۷۵) اور "صنم تیری قسم" (۱۹۸۲) وغیرہ کا شمار ہوتا ہے۔ نریندر بیدی ۱۹۸۲ میں انتقال کر گئے۔ بیٹے کی اس ناگہانی موت کے صدمے سے راجندر سنگھ بیدی ابھر نہ سکے اور نریندر کی موت کے دو سال بعد ۱۹۸۴ میں وہ بھی دارِ فانی سے کوچ کر گئے۔

راجندر سنگھ بیدی کا شمار اردو کے صف اول کے افسانہ نگاروں میں ہوتا ہے۔ ان کے افسانوں کے کل چھ مجموعے شائع ہوئے۔ "دانہ و دام" (۱۹۳۶) اور "گرہن" (۱۹۴۲) آزادی سے پہلے شائع ہو چکے تھے۔ "کوکھ جلی" (۱۹۴۹)، "اپنے دکھ مجھے دے دو" (۱۹۶۵)، "ہاتھ ہمارے قلم ہوئے" (۱۹۷۴) اور "مکتی بودھ" (۱۹۸۲) آزادی کے بعد منظر عام پر آئے۔ ڈراموں کے دو مجموعے "بے جان چیزیں" (۱۹۴۳) اور "سات کھیل" (۱۹۷۴) بھی شائع ہوئے۔ ان کا ناولٹ "ایک چادر میلی سی" ۱۹۶۲ میں شائع ہوا۔ انھیں ۱۹۶۵ میں ساہتیہ اکادمی ایوارڈ سے سرفراز کیا گیا جبکہ ۱۹۷۲ میں حکومتِ ہند نے پدم شری کا خطاب عطا کیا۔ ۱۹۷۸ میں غالب ایوارڈ دیا گیا۔

راجندر سنگھ بیدی کو کردار نگاری اور انسانی نفسیات کی مرقع کشی میں کمال حاصل تھا۔ وہ صحیح معنوں میں ایک حقیقت نگار تھے۔ اگرچہ انھوں نے بہت زیادہ نہیں لکھا لیکن جو کچھ بھی لکھا، وہ قدرِ اول کی چیز ہے۔ بیدی کسی فیشن یا فارمولے کے پابند نہیں تھے۔ ان کے افسانوں میں مشاہدے اور تخیل کی آمیزش ملتی ہے۔ انسانی نفسیات پر گہری نظر

کی وجہ سے ان کے کردار صرف سیاہ و سفید کے خانوں میں بند نہیں، بلکہ انسانی زندگی کی پیچیدگیوں کی جیتی جاگتی تصویریں پیش کرتے ہیں۔ اس تعلق سے پروفیسر شمس الحق عثمانی رقم طراز ہیں:

"راجندر سنگھ بیدی کے فن کے ان اجزا و عناصر۔۔۔۔ ان کی پُر جہد زندگی۔۔۔۔۔۔ اور ان کی پُر گداز شخصیت کے تار و پود کو ایک دوسرے کے قریب رکھ کر دیکھیں تو اندازہ ہوتا ہے کہ انھوں نے اپنے وجود کے جن لطیف ترین اجزا کے تحفظ و ارتقاع کو ملحوظ رکھتے ہوئے سماجی زندگی میں پیش کیا، ان اجزا نے انھیں گہرا ایقان اور عمیق بصیرت عطا کی۔۔۔۔۔۔ اسی ایقان اور بصیرت نے اُن کے پورے فن میں وہ عرفانی کیفیت خلق کی ہے جس کے وسیلے سے راجندر سنگھ بیدی اپنے ارد گرد سانس لینے والے افراد کو شناخت کرتے اور کراتے رہے۔ افراد کی شناخت کا یہ عمل دراصل کائنات شناسی کا عمل ہے کیونکہ راجندر سنگھ بیدی کا فن، آدمی کے وسیلے سے ہندوستانی معاشرے۔۔۔۔۔ ہندوستانی معاشرے کے وسیلے سے آدمی۔۔۔۔۔۔۔ اور ہندوستانی آدمی کے وسیلے سے پورے انسانی معاشرے کی شناخت کرتا ہے۔"

(ممبئی کے ساہتیہ اکادمی انعام یافتگان۔ مرتب: پروفیسر صاحب علی۔ ص: ۱۰۶۔ ناشر: شعبہ اردو، ممبئی یونیورسٹی)

راجندر سنگھ بیدی کی کہانیوں میں رمزیت، استعاراتی معنویت اور اساطیری فضا ہوتی ہے۔ ان کے کردار اکثر و بیشتر محض زمان و مکاں کے نظام میں مقید نہیں رہتے بلکہ اپنے جسم کی حدود سے نکل کر ہزاروں لاکھوں برسوں کے انسان کی زبان بولنے لگتے ہیں۔ یوں تو ان کے یہاں ہر طرح کے کردار ملتے ہیں لیکن عورت کے تصور کو ان کے یہاں

مرکزیت حاصل ہے۔ عورت جو ماں بھی ہے، محبوبہ بھی، بیوی بھی اور بہن بھی۔ ان کے یہاں نہ تو کرشن چندر جیسی رومانیت ہے اور نہ منٹو جیسی بے باکی۔ بلکہ ان کا فن زندگی کی چھوٹی بڑی سچائیوں کا فن ہے۔ فن پر توجہ بیدی کے مزاج کی خصوصیت ہے۔ ان کے افسانوں میں جذبات کی تیزی کے بجائے خیالات اور واقعات کی ایک دھیمی لہر ملتی ہے جس کے پیچھے زندگی کی گہری معنویت ہوتی ہے۔

٭ ٭ ٭

راجندر سنگھ بیدی

-

نام راجندر سنگھ بیدی تھا۔ راجندر سنگھ بیدی انیس سو پندرہ ۱۹۱۵ء کو لاہور میں پیدا ہوئے۔ بیدی کے والد کا نام ہیرا سنگھ بیدی تھا اور والدہ کا نام سیوا دئی تھا۔ انہوں نے باقاعدہ اسکول اور کالج میں بھی تعلیم حاصل کی مگر بہت آگے نہ بڑھ سکے۔

پڑھنے اور کہانیاں لکھنے کا شوق طالب علمی کے زمانے میں ہی پیدا ہو گیا تھا۔ راجندر سنگھ بیدی نے طالب علمی کے زمانے میں ہی ۱۹۳۲ء میں محسن لاہوری کے نام سے انگریزی، اردو اور پنجابی میں نظمیں اور کہانیاں لکھ کر اپنی ادبی زندگی کا آغاز کیا تھا۔ والدہ کا انتقال ہو جانے کے سبب تعلیم کا سلسلہ جاری نہ رہ سکا اور انہیں ڈاکخانہ اور ریڈیو میں ملازمت کرنی پڑی۔

اسی دوران ملک تقسیم ہو گیا اور بیدی بڑی تکلیف جھیل کر دہلی پہنچے اور پھر ریڈیو اسٹیشن پر اسسٹنٹ ڈائریکٹر مقرر ہوئے۔ یہ سلسلہ زیادہ دنوں تک نہ چل سکا اور پھر وہ ممبئ چلے گئے اور وہاں فلمی دنیا سے رشتہ قائم کر لیا اور فلمیں بھی بنائیں۔ بیدی کا انتقال ۱۹۸۴ء میں ممبئ میں ہوا۔

راجندر سنگھ بیدی کی افسانہ نگاری

راجندر سنگھ بیدی ہمارے دور کے ایک ممتاز افسانہ نگار تھے۔ ان کا اصل موضوع

گھریلو زندگی کی چھوٹی چھوٹی مسرتیں ہیں۔ رمزیت اور تہہ داری بیدی کے فن کی ایک اہم خصوصیت ہے۔ راجندر سنگھ بیدی ترقی پسند تحریک سے بھی متاثر رہے اور اپنے افسانوں سے انہوں نے غریب اور مظلوم طبقے کی حمایت بھی کی لیکن اس تحریک کو انہوں نے کبھی اپنے پاؤں کی زنجیر نہیں بننے دیا۔ اس لیے ان کا فن کبھی پروپگنڈا نہیں بن سکا۔

زندگی کی چھوٹی چھوٹی باتوں کو بیدی اپنے افسانوں کا موضوع بناتے ہیں اور پھر ان کے گرد فنکارانہ انداز سے کہانی کا تانا بانا بنتے ہیں۔ بیدی کی کہانیوں کا موضوع حقیقی زندگی کے انسان ہیں جن کے دلوں میں طرح طرح کی آرزوئیں جنم لیتی ہیں مگر پوری نہیں ہو پاتیں۔ نفسیات کے علم سے وہ بہت کام لیتے ہیں اور اپنے کرداروں کے ذہن میں اتر جاتے ہیں۔

حقیقت نگاری بیدی کے افسانوں کی ایک بہت ہی بڑی خصوصیت ہے۔ چیخوف کا فن ان کو عزیز ہے کہ اس کے یہاں افسانہ کہنے کی کوشش کہیں دکھائی نہیں دیتی۔ وہ زندگی کی باتیں کرتا ہے اور زندگی کا ایک ٹکڑا ہی آپ کے سامنے رکھتا ہے کہ میں نے یہ جانا کہ گویا یہ بھی میرے دل میں ہے۔ لیکن یہ بات بھی ذہن میں رکھنے کی ہے کہ بیدی انتقادی حقیقت نگاری کے زیادہ قریب ہیں۔

ان کا مزاج علامت پسند ہے اور علامتوں کے سہارے وہ اپنے افسانوں کی تعمیر کرتے ہیں۔ ہماری گھریلو زندگی میں جو چھوٹے واقعات پیش آتے ہیں اور جو چھوٹی چھوٹی خوشیاں ہمیں میسر آتی ہیں اور جن غموں سے ہمیں سابقہ پڑتا ہے بیدی کی نظر ان کی تہہ تک پہنچ جاتی ہے اور اپنے افسانوں میں سمولیتی ہے۔

بیدی کے اردو افسانے روس کے عظیم افسانہ نگار چیخوف کی یاد دلاتے ہیں۔ روسی

افسانہ نگار کا جتنا گہرا اثر بیدی کے ہاں ہے اور کسی کے یہاں نہیں ہے۔ بیدی کے کردار متوسط طبقے سے تعلق رکھتے تھے۔ بیدی کی حقیقت نگاری کے سلسلے میں یہ بات بھی یاد رکھنے کی ہے کہ پنجاب کی زندگی کی جتنی سچی اچھی اور بھرپور تصویر کشی انہوں نے کی ہے اور کسی نے نہیں کی ہے۔ ان کے تمام افسانوں سے یہ حقیقت واضح ہو جاتی ہے کہ وہ صرف انسانیت کا احترام کرتے ہیں۔

راجندر سنگھ بیدی کی ناول نگاری

راجندر سنگھ بیدی اصل افسانہ نگار تھے اور ان کا ذکر افسانہ نگاری کے باب میں آئے گا مگر انہوں نے ایک ناول بھی لکھا ہے اور وہ بھی مختصر جس کا نام " ایک چادر میلی سی " ہے۔ ایک چادر میلی سی میں راجندر سنگھ بیدی کا انداز بے حد اشاراتی ہے۔ رمز نگاری یوں بھی بیدی کی خصوصیت ہے لیکن اس ناول میں وہ کچھ اور بھی نکھری ہوئی نظر آتی ہے۔

اس ناول کی کہانی بہت چھوٹی سی اور سیدھی سادی ہے۔ تلوکا جس کا پیشہ ایک یکا چلانا اور چوہدری مہربان داس کے لیے بھولی بھٹکی ہوئی عورتوں کو بٹور کر لانا تھا۔ ایک روز جاترن کے بھائی کے ہاتھوں اس کا قتل ہو جاتا ہے اور پھر اس کی بیوی جس کا نام رانو تھا اس کی شادی تلوکا کے بھائی منگل سے کر دی جاتی ہے۔ اس کے علاوہ گھنشام داس، حضور سنگھ، پورن دائی سرپنچ گیان سنگھ، چندا، چنوں وغیرہ اس ناول کے کردار ہیں۔ سلامتی بھی ایک کردار ہے جس سے منگل پیار کرتا تھا۔

"ایک چادر میلی سی" کے بارے میں اہم معلومات

ناول ایک چادر میلی سی رسالہ " نقوش " میں دو قسطوں میں انیس سو ساٹھ (۱۹۶۰) میں شائع ہوا تھا اور کتابی صورت میں مکتبہ جامعہ دہلی سے انیس سو باسٹھ (۱۹۶۲) میں شائع ہوا تھا۔

ناول ایک چادر میلی سی پر شام لال نے ٹائمز آف انڈیا میں تبصرہ کیا تھا جس کا ترجمہ خیر النساء بیگم نے کیا تھا۔

ایک چادر میلی سی پاکستان میں " مٹھی بھر چاول " کے نام سے شائع ہوا۔

ناول ایک چادر میلی سی کا انداز اشارتی ہے اور اس میں رمز نگاری سے کام لیا گیا ہے۔

راجندر سنگھ بیدی کے افسانوی مجموعے

دانہ و دوام۔راجندر سنگھ بیدی کا پہلا افسانوی مجموعہ ہے جس میں ۱۴ افسانے ہیں اس کا انتساب بیدی نے اپنے ماں باپ کے نام سے کیا ہے۔بیدی کی کلیات میں شامل افسانوں میں پہلا افسانہ "بھولا" ہے۔جو اسی افسانوی مجموعہ میں شامل ہے اور اس افسانوی مجموعے کا پہلا افسانہ ہے۔۱۹۳۶ میں شائع ہوا۔

گرہن۔ بیدی کے افسانوں کا دوسرا مجموعہ ہے۔ بیدی نے اسے خولی کے نام منسوب کیا ہے۔اس میں چودہ افسانے ہیں۔ ۱۹۴۲ء میں شائع ہوا۔

کوکھ جلی۔اس افسانوی مجموعے میں تیرہ افسانے ہیں۔۱۹۴۹ء میں شائع ہوا۔

اپنے دکھ مجھے دے دو۔ اس افسانوی مجموعے میں دس افسانے ہیں۔ بیدی نے یہ مجموعہ آل احمد سرور کے نام منسوب کیا ہے۔۱۹۶۵ء میں شائع ہوا۔

ہاتھ ہمارے قلم ہوئے۔ اس افسانوی مجموعے میں دس افسانے ہیں۔۱۹۷۴ء میں شائع ہوا۔

مکتی بودھ۔ مکتی بودھ کو بیدی نے باقر مہدی کے نام منسوب کیا ہے۔ مکتی بودھ میں پانچ افسانے اور سات مضامین اور خاکے ہیں۔

راجندر سنگھ بیدی کے ڈراموں کے مجموعے

"بے جان چیزیں" بیدی کے ڈراموں کا پہلا مجموعہ ہے جس میں چھ ڈرامے ہیں۔ "کار کی شادی۔ ایک عورت کی نہ۔ روح انسانی۔ اب تو گھبر اکے۔ بے جان چیزیں۔ خواجہ سرا" یہ مجموعہ ۱۹۴۳ میں شائع ہوا۔

سات کھیل۔ بیدی کے ڈراموں کا دوسرا مجموعہ ہے جس میں سات ڈرامے ہیں۔ "خواجہ سرا۔ چانکیا۔ تلچھٹ۔ نقل مکانی۔ آج۔ درخشندہ۔ پاؤں کی موچ"۔

***

راجندر سنگھ بیدی کی افسانہ نگاری

ڈاکٹر سیّد احمد قادری

راجندر سنگھ بیدی نے یکم ستمبر 1915 کو لاہور میں آنکھیں کھولیں۔ ان کے والد کا نام سردار ہیر اسنگھ تھا۔ بیدی نے اپنا افسانوی سفر "بھولا" سے شروع کیا، جو ۱۹۳۶ء میں شائع ہو کر مقبول عام ہوا، اور اب جب کہ بیدی کا افسانوی سرمایہ 'دانہ و دوام' (۱۹۳۶)'گرہن' (۱۹۴۴)'کوکھ جلی' (۱۹۴۹)'اپنے دکھ مجھے دے دو' (۱۹۶۵)'ہاتھ ہمارے قلم ہوئے' (۱۹۷۴) اور 'مکتی بودھ' (۱۹۸۳) جیسے افسانوی مجموعے کے ذریعہ کل ۶۶ افسانے ہمارے سامنے آچکے ہیں تو ہم انھیں دیکھ کر اس بات کو شدّت سے محسوس کرتے ہیں کہ بیدی نے اپنے افسانوں سے اردو افسانوی ادب کو ہی صرف قابل قدر ہی نہیں بنایا، بلکہ اس صنف ادب کو اپنے فکر و فن سے اس قابل بھی بنایا کہ ہم مغرب کی ترقی یافتہ زبانوں کے افسانوں کی صف میں اردو افسانے کو رکھ سکیں۔

افسانہ در حقیقت اظہار خیال کے ایک مخصوص فن کا نام ہے، اس کی تشکیل و ترتیب میں موضوع، مواد اور فکر و خیال کے ساتھ فنّی حسن کا ہونا لازمی ہے اور ان سارے عناصر کو بیدیؔ نے اپنے افسانے میں فنکارانہ طور پر پیش کیا ہے۔ موضوع اور فن دونوں بیدی کی تخلیقات میں جزو لاینفک کی حیثیت رکھتے ہیں۔ اس امر کا اعتراف خود راجندر سنگھ بیدی نے اپنے افسانوی مجموعہ "گرہن" کے پیش لفظ میں اس طرح کیا ہے:

"مجھے تخیّل فن پر یقین ہے۔ جب کوئی واقعہ مشاہدے میں آتا ہے، تو میں من و عن بیان کر دینے کی کوشش نہیں کرتا۔ بلکہ حقیقت اور تخیّل کے امتزاج سے جو چیز پیدا ہوتی ہے اسے احاطۂ تحریر میں لانے کی کوشش کرتا ہوں۔"

اس ضمن میں میرا خیال یہ ہے کہ برسوں قبل کے اس اظہار پر بیدیؔ برابر عمل پیرا رہے اور حقیقت بھی یہی ہے کہ ہر ادیب اپنے احساس کو موضوع بناتا ہے اور اسے فن کی بھٹی میں تپا کر جو چیز پیدا کرتا ہے وہی شعوری ادراک کہلاتا ہے۔ یہ ادراک فن کار اپنی تخلیقات میں منفرد ڈھنگ سے پیش کرتا ہے، اور یہی وہ صفت فن ہے جس کی بنا پر کسی بھی فن کار کا اس کی تخلیقات سے موازنہ مشکل کام ہے۔ اس لئے بعض حضرات کا یہ خیال کہ بیدی، کرشن چندر سے بڑا فن کار ہے یا کرشن چندر بیدی سے بڑا افسانہ نگار ہے، بالکل غلط ہے۔ موضوع اور فن کے تعلق سے ہر فن کار کا اپنا اپنا نقطۂ نظر ہوتا ہے۔ جسے وہ رموز زندگی کے مطالعے و مشاہدے کے بعد اپنی تخلیقات میں پیش کرتا ہے۔ ساتھ ہی زندگی کی سخت دھوپ اور نامساعد حالات میں جو تجربات اسے حاصل ہوتے ہیں ان کے اثرات بھی فن کار کے فن پر پڑنا لازمی امر ہے۔ اس سلسلے میں ڈاکٹر گوپی چند نارنگ اپنے ایک مقالہ "بیدی کے فن کے استعاراتی اور اساطیر کی جڑیں" میں اظہار خیال کرتے ہوئے لکھتے ہیں کہ۔۔۔۔۔۔

"بیدی کا اسلوب پیچیدہ اور گمبھیر ہے ان کے استعارے اکہرے یا دوہرے نہیں، پہلو دار ہوتے ہیں۔ ان کے مرکزی کردار اکثر و بیشتر Multidimensional ہوتے ہیں جن کا ایک رخ آفاقی اور دوسرا آفاقی و ازلی۔ Archetypal ہوتا ہے۔ ظاہر ہے کہ ان کی تعمیر کاری میں وقت اور مقام کی روایتی منطق کا سوال ہی پیدا نہیں ہوتا، ان کے نفسیات میں انسان کی صدیوں کے سوچنے کے عمل کی پرچھائی پڑتی ہوئی معلوم ہوتی ہے

ایسے میں وقت کا موجودہ لمحہ صدیوں کے تسلسل میں تحلیل ہو جاتا ہے اور چھوٹا سا گھر پوری کائنات بن کر سامنے آتا ہے۔ بیدی جس عورت اور مرد کا ذکر کرتے ہیں وہ صرف آج کی عورت اور آج کا مرد نہیں، بلکہ اس میں وہ عورت اور مرد شامل ہے جو لاکھوں سال سے اس زمین کے دکھ جھیل رہے ہیں اور اس کی نعمتوں سے لذت یاب ہوتے چلے آ رہے ہیں۔"

اگر بیدی کے تمام افسانوں کا مطالعہ کیا جائے تو یہ بات عیاں ہو جاتی ہے کہ ان کے افسانے کا موضوع بالکل مختلف اور منفرد ہے۔ جذباتی، نفسیاتی، معاشرتی اور سماجی گتھیوں کو بیدی الگ الگ اپنے انداز سے سلجھاتے ہیں۔ کردار کی انفرادیت میں گہری جذباتیت سمو کر ایک نئے اور تیکھے انداز میں جس طرح وہ پیش کرتے ہیں، وہ صرف اور صرف بیدی کا حصّہ ہے۔ افسانے میں فلسفیانہ انداز وہ بلا ضرورت نہیں استعمال کرتے، بلکہ حقیقت تو یہ ہے کہ موضوع ہی ان کا محور ہوتا ہے، جس کے گرد ان کے افسانے فنکارانہ انداز میں رقص کرتے ہیں۔

وہ بڈھا، گرہن، غلامی، معاون اور میں، ہم دوش، وٹامن، چھوکری کی لوٹ، صرف ایک سگریٹ، متھن، تعطل، جو گیا، یوکلپٹس، دیوالہ، بکنی، ٹرمینس سے پرے، سونفیا کلیانی، آئینے کے سامنے، لاجونتی، باری کا بخار، لمبی لڑکی، ببل، گرم کوٹ، پان شاپ، تلا دان، من کی من میں، چشم بد دور، اپنے دکھ مجھے دے دو، جنازہ کہاں ہے، ہاتھ ہمارے قلم ہوئے، وغیرہ افسانوں کا، موضوع کے لحاظ سے ایک دوسرے سے کوئی تعلق نہیں، کوئی ربط نہیں کوئی لگاؤ نہیں ہے۔ سب کا مواد، ہیئت اور موضوع بالکل مختلف اور منفرد ہے۔

افسانہ "متھن" کے سلسلے میں لوگوں نے بیدی کو فحش افسانہ نگار قرار دیا تھا۔

حالانکہ اس میں بیدی نے ہمارے سماج کی ایک تلخ حقیقت کو افسانوی پیرایۂ میں پیش کیا ہے۔ یہ افسانہ حقیقتاً ایک آرٹسٹ کی زندگی کے درد و کرب کو پوری طرح اپنے اندر سموئے ہوئے ہے۔

"جنازہ کہاں ہے" ایک شاہکار نفسیاتی افسانہ ہے۔ اس میں مزدوروں کی غم سے نڈھال مایوس اور تھکن سے چور زندگی کی المناکی کو بڑے فنکارانہ انداز میں پیش کیا گیا ہے۔ مزدور جب، مزدوری کر اپنے کام سے لوٹتے ہیں تو ان کے چہرے پر اتنا درد و کرب اور تھکن ہوتی ہے کہ ایک حسّاس انسان کو ایسا محسوس ہوتا ہے کہ جیسے یہ مزدور کسی جنازے کو سپرد خاک کرنے جارہے ہیں۔

طوائفوں کے موضوع پر بے شمار افسانے لکھے گئے ہیں۔ لیکن بیدی نے اپنے افسانہ "کلیانی" میں جو چیز عام روش سے ہٹ کر دکھائی ہے، وہ ہے طوائفوں کی شرم وحیا اور ممتا و پیار کا جذبہ۔

افسانہ "تعطل" میں کشمیریوں کی زندگی کے المیہ کو بڑی خوبصورتی سے پیش کیا گیا ہے، جہاں خوبصورت پس منظر رکھنے کے باوجود وہاں کے لوگوں کی غربت نے انہیں بالکل نچلی سطح پر پہنچادیا ہے۔

متوسط طبقے کی معاشی زبوں حالی اور تنگ دستی سے خاندان میں پیدا ہونے والی حسرتوں کو افسانہ "گرم کوٹ" میں بڑی فنکاری سے بیدی نے افسانوی شکل میں سمویا ہے۔ اس افسانے میں انسانی حسرتوں اور مایوسیوں کے ساتھ ساتھ امید و یاس کے بنتے مٹتے گھروندے کی حقیقی ترجمانی کی گئی ہے۔ اس افسانہ کو پڑھنے کے بعد بے اختیار مشہور روسی افسانہ "The Coat" یاد آتا ہے۔

"وہ بڈھا" بھی بیدی کے شاہکار افسانوں میں ایک ہے۔ اسے دنیا کی کسی بھی ترقی

یافتہ زبان کے افسانے کی صف میں رکھا جاسکتا ہے۔ اس افسانہ میں ہر وہ احساس اُجاگر نظر آتا ہے، جو آج کی زندگی کا اہم ترین حصہ ہے۔ اس افسانہ میں بیدی نے واقعات کے ساتھ ساتھ اس طرح فنّی بالیدگی بخشی ہے کہ حقیقت کا پرتو جھلکتا ہے۔

"اپنے دکھ مجھے دیدو" ایک ایسی عورت کی کہانی ہے جو دو حصّے میں منقسم ہے۔ ایک جانب وہ بھابھی اور بہو ہے، تو دوسری طرف اسے ایک بیوی کا بھی فرض نبھانا ہے۔ اس کشمکش بھری کہانی کو بڑے خوبصورت اور حسین پیرائے میں بیدی نے پیش کیا ہے۔ اس افسانہ کو بیدی نے اپنی سوانح کے طور پر سامنے لایا ہے۔

افسانہ "وٹامن" میں غربت اور افلاس سے دبی کچلی مزدور طبقے کی عورتیں، کس طرح اونچے اور بڑے طبقے کے افراد کی ہوس کا نشانہ بننے پر مجبور ہوتی ہیں، انہیں تمام تر فنّی لوازمات کے ساتھ افسانوی آفاقیت بخشی ہے۔ "ہم دوش" میں مایوس انسان کے جذبات کی بھرپور عکاسی موجود ہے۔

ہندو سماج میں عورت کی مظلومیت اور بے بسی کا موثر نقشہ "گرہن" میں نظر آتا ہے۔ افسانہ "ہاتھ ہمارے قلم ہوئے" مذہب کے ان ٹھیکہ داروں پر بھرپور طنز ہے جو مذہب کو اپنی میراث تصور کرتے ہیں۔ اس خیال کو بڑے نفسیاتی اور فنکارانہ طور پر بیدی نے اس افسانہ میں پیش کیا ہے۔

ان تمام مشہور و معروف افسانوں کے علاوہ دوسرے افسانوں کے مطالعہ سے اندازہ ہوتا ہے کہ بیدی نے زندگی کے گہرے مشاہدے اور انسانی خواہشات و جذبات کے بے شمار ہلکے اور گہرے رنگوں سے اپنی کہانیوں کو سجایا و سنوارا ہے۔ ساتھ ہی انسانی شخصیت کے انفرادی مسائل اور اجتماعی زندگی کے بے شمار پہلوؤں کو بے نقاب کیا ہے۔

راجندر سنگھ بیدی کے افسانوں میں جو عنصر بہت زیادہ نمایاں ہے، وہ غم اور جنسیات

(Sex) ہے۔ ان عناصر کی پیچیدگیوں سے بھرے حالات کو بڑی چابکدستی سے بیدی، اپنے افسانوں میں پیش کرتے ہیں اور ان کی ایسی پیش کش میں سب سے بڑی خوبی یا وصف یہ ہوتا ہے کہ ایسی باتوں کا اظہار وہ کھلے لفظوں میں قطعی نہیں کرتے بلکہ اشارے و کنائے میں اپنے مخصوص لب ولہجہ اور اسلوب میں کرتے ہیں۔ اس سلسلے میں یہ اقتباس ملاحظہ ہو:

"میرا کاروبار پہلے ہی سے مندا ہے، اگر اندو کوئی ایسی چیز مانگ لے جو میری پہنچ ہی سے باہر ہو تو پھر کیا ہوگا؟ لیکن اندو نے مدن کے سخت اور پھیلے ہوئے ہاتھوں کو اپنے ملائم ہاتھوں سے سمیٹتے ہوئے اور ان پر اپنے گال رکھتے ہوئے کہا___ "تم اپنے دکھ مجھے دیدو" (اپنے دکھ مجھے دیدو)

مندرجہ بالا اقتباس سے مدن کا غم ظاہر ہوتا ہے۔ مدن اندو کو اپنی چاہت سے بھی بہت زیادہ چاہتا ہے اور اپنا سب کچھ اُسے دینے کو تیار رہتا ہے، لیکن اس وقت جب اندو مدن سے ایک چیز مانگتی ہے، تو اُسے اپنی مفلسی کا احساس شدت سے ہوتا ہے اور وہ سوچنے لگتا ہے اگر اندو نے کوئی قیمتی شئے طلب کر لی تو کیا ہوگا۔ یہ احساس حقیقتاً ایک بڑا المیہ بن کر سامنے آتا ہے، جو ہیرو کی تمنّاؤں اور آرزوؤں پر ضرب کاری لگانے کے لئے کافی ہے۔

جنس بیدی کا بڑا اہم موضوع ہے۔ اس سلسلے میں دو اقتباس پیش ہیں۔ جن میں جنس کی تیز آنچ کو شدّت سے محسوس کیا جاسکتا ہے۔

"زمین کی یہ بیٹیاں مرد کو تو یوں سمجھتی ہیں جیسے بادل کا ٹکڑا ہے۔ جس کی طرف بارش کے لئے منہ اٹھا کر دیکھنا ہی پڑتا ہے۔"

"ان عورتوں کے اپنے اپنے دن بیت چکے تھے پہلی رات کے بارے میں ان کے شریر شوہروں نے جو کچھ کہا اور مانا تھا، اس کی گونج تک ان کے کانوں میں باقی نہ رہی

تھی۔" (اپنے دکھ مجھے دیدو)

راجندر سنگھ بیدی کو کسی بھی ازم سے وابستہ قرار نہیں دیا جاسکتا۔ یہ نہ تو ترقی پسند ہیں اور نہ جدیدیت کے علمبردار۔ ہاں! ابتدا میں بیدی کسی حد تک ترقی پسند ضرور تھے، لیکن آہستہ آہستہ وہ اس قید و بند سے بھی آزاد ہو گئے۔ وہ کسی بھی ازم، رجحان یا تحریک کا لبادہ اوڑھنا فن کی بد دیانتی تصور کرتے ہیں۔ بلکہ آزادانہ طور پر زندگی کے حقائق کو پیش کرنے کے قائل ہیں۔

ہاں، یہ ضرور ہے کہ بیدی 'پریم چند کے بعد اگر کسی سے متاثر ہیں تو وہ ڈی ایچ لارنس اور موپاساں وغیرہ ہیں۔ کیونکہ ان لوگوں کی کہانیاں زندگی کے بہت قریب ہیں۔ چیخف کا اثر بھی انہوں نے بہت زیادہ قبول کیا ہے۔ اس کی وجہ خود بیدی بتاتے ہیں کہ:

"اس کے یہاں افسانہ کہنے کی کوشش کہیں نہیں دکھائی دیتی۔ وہ زندگی کی باتیں کرتا ہے اور زندگی کا ایک ایک ٹکڑا یوں کر کے آپ کے سامنے رکھتا ہے۔"

بیدی کے افسانوں میں بہت ساری خوبیوں کے ساتھ ساتھ چند خامیاں بھی دیکھنے کو ملتی ہیں اور یہ خامیاں ہیں، ان کی زبان کا استعمال۔ بیدی اپنے افسانوں میں کہیں کہیں ایسی زبان استعمال کر جاتے ہیں، جن سے ہم قطعی ناواقف ہوتے ہیں۔ سخت پنجابیت بھی بعض جگہ ان کے افسانوں کی زبان کو مجروح کرتی ہے۔ ممکن ہے اس سلسلے میں بیدی کی یہ دلیل ہو کہ ماحول کے اعتبار سے زبان کا استعمال ضروری ہے، تو یہ امر قابل قبول ہے۔ لیکن کہیں کہیں وہ اپنے کردار سے ایسی باتیں بھی کہلواتے ہیں' جیسے:

"کیا جندگی کا مجا نہیں؟ اندو نے صدمہ زدہ لہجے میں کہا۔"

"مرد عورت شادی کس لئے کرتے ہیں۔۔۔۔۔۔۔۔پھر اندو کہتی ہے۔

"میں پورا لٹیرا ہوں، تم نہیں جانتے؟ سخی اور لٹیرا جو ایک ہاتھ سے لوٹتا ہے اور

دوسرے ہاتھ سے گریب گربا کو دیتا ہے۔"

اندو کچھ دیر چپ رہی اور پھر اپنا منہ پرے کرتے ہوئے بولی" اپنی لاج۔۔۔۔۔ اپنی خوشی۔۔۔۔۔اس وقت تم بھی کہہ دیتے۔۔۔۔۔۔۔۔۔"(اپنے دکھ مجھے دیدو)

مندرجہ بالا جملے کی ادائیگی "اپنے دکھ مجھے دیدو" کی ہیروئن اندو کی زبان سے ہوتی ہے۔ اندو "شادی" اور "خوشی" اور "وقت" جیسے الفاظ ادا کرتی ہے اور پھر اس کی زبان سے "جندگی" "مجا" اور "گریب گربا" جیسے الفاظ بھی نکلتے ہیں۔ حیرت ہے بیدی جیسے بڑے افسانہ نگار سے اتنی بڑی غلطیاں کیسے سرزد ہوئیں۔

ان چند خامیوں کو نظر انداز کر دیا جائے تو مجموعی طور پر بیدی کے افسانوں کے مطالعہ کے بعد اندازہ ہوتا ہے کہ بیدی بقول سعادت حسن منٹو، لکھنے سے پہلے سوچتے ہیں اور لکھنے کے بعد سوچتے ہیں، جس کا یہ نتیجہ ہوتا ہے کہ بیدی کے افسانوں میں فنّی پہلو داری، نفسیاتی گہرائی اور سماجی تقاضوں کی گہرائیاں ہوتی ہیں، اس لئے انہیں جتنی بار پڑھا جائے، معنویت، تحیر اور فکر و فن کے نئے نئے جہات سامنے آتے ہیں۔

***

راجندر سنگھ بیدی کے اسلوب اور زبان کا تنقیدی مطالعہ

ڈاکٹر پرویز شہریار

راجندر سنگھ بیدی کی زبان و بیان کے بارے میں کچھ نقادوں کا خیال تھا کہ اُن کی زبان میں پنجابیت کے عناصر در آئے ہیں جس کی وجہ سے پڑھتے وقت ان کی نثر میں ناہمواری اور کھردرے پن کا احساس ہوتا ہے۔

ہمیں یہ بات نشان خاطر رکھنی چاہیے کہ ہمارے نقاد جب یہ بات کہہ رہے تھے ،اُس وقت اُن کے نزدیک ایک طرف تو پریم چند کی سادہ، اکہری اور عربی فارسی کی مانوس تراکیب کے باوجود ہموار نثر کی ایک توانا روایت موجود تھی اور دوسری طرف کرشن چندر کی رومانیت میں ڈوبی ہوئی ملائم ،لطیف اور رواں دواں نثر کی مثالیں بھی تھیں جو یقیناً ان کے پیش نظر رہی ہوں گی۔ لہٰذا، اس تناظر میں دیکھا جائے تو بیدی کی پنج آبوں کی سرزمیں سے اُپجی ہوئی زبان میں اکھڑ پن بھی ہے اور کھردرا پن بھی موجود ہے۔ لیکن جب وہ اپنے افسانوی ادب میں پنجاب کی دیہاتی زندگی کے بشری محاکات کو بیان کرتے ہیں یا پھر ٹھیٹھ پنجابی کرداروں کے مکالمات بیان کرتے ہیں تو یہی عوامل ان کی نثر میں سقم پیدا کرنے کے بجائے امتیازی اوصاف بن کے اُبھرنے لگتے ہیں۔ کیونکہ ان کی نثر میں غضب کی تہہ داری اور ماورائیت موجود ہے، جسے سمجھنے کے لیے قاری کو اپنی قرأت کے دوران ٹھہر ٹھہر کر آگے بڑھنا پڑتا ہے۔ بیدی نے اپنے افسانوں میں الفاظ کا انتخاب اور

اس کا دروبست بڑی ہی معنی آفرینی اور تخلیقیت کے ساتھ کیا ہے اور ایک نئے جہانِ معنی کی تلاش و جستجو کی جسارت بھی کی ہے۔ آپ دیکھیں کہ کس طرح لوک گیتوں اور ہندو دیومالاؤں کی پُر اسرار بلندیاں ،اُن کی نثر کو رومانیت اور جذباتیت کے دلدل میں گرنے سے بچا لیتی ہیں۔

بیدی کے اسلوب کا جائزہ لینے سے پہلے ادب میں اسلوب کی ماہیئت اور معنویت پر بھی ایک نظر ڈال لی جائے تو میرا خیال ہے کہ بے محل نہ ہو گا۔ یہ بات ہم سبھی جانتے ہیں کہ آل احمد سرور راجندر سنگھ بیدی کے اولیں مداحوں میں سے تھے۔ لہٰذا، بات ان ہی کے قول سے شروع کی جائے تو بہتر ہو گا۔ اُنھوں نے اسلوب کے سلسلے میں بہت پہلے لکھا تھا کہ:

"اگر واضح خیال، موزوں اظہار کافی ہے تو اس میں ندرت، انفرادیت یا بانکپن کا کیا سوال ہے؟ یہیں شخصیت اور اسلوب کی بحث آتی ہے۔ کہا جاتا ہے کہ اسٹائل ہی شخص ہے(Style is the man)۔ حالانکہ شخصیت اسلوب میں سیدھے سادے طریقہ سے جلوہ گر نہیں ہوتی۔ وہ الفاظ کی چھلنی میں چھن کر آتی ہے اور یہ الفاظ بھی ایک خاص سانچہ رکھتے ہیں، جو الفاظ ایک شخص استعمال کرتا ہے وہ ایک دور یا مزاج یا روایت کے آئینہ دار ہوتے ہیں۔ یعنی وہ انفرادی کے ساتھ اجتماعی خصوصیات بھی رکھتے ہیں۔" ۱

ظاہر ہے کہ مذکورہ تعریف سے بات واضح ہو جاتی ہے کہ جس طرح کوئی بھی دو فرد اپنی عقل اور شکل کے اعتبار سے یکساں نہیں ہوسکتے ہیں۔ اسی طرح کوئی بھی ادیب یا فنکار فن و فکر کے لحاظ سے مساوی نہیں ہوسکتے ہیں۔ خواہ وہ سگے بھائی ہوں، سگی بہن ہوں ،ہمعصر احباب ہوں یا کسی ایک تحریک سے وابستگی رکھنے والے مختلف فنکار، ان کے اسٹائل اور اسلوب یکساں نہیں ہوسکتے ہیں۔ شخصیت کی تعمیر و تشکیل میں جن اجزا اور

عوامل کی کارفرمائی ہوتی ہے، آرٹسٹ کے فن پارے میں ان کی جلوہ نمائی ضرور ہوتی ہے۔ انسان جو کچھ سماج سے حاصل کرتا ہے وہ اسے اپنی ذات کی چھلنی میں چھان پھٹک کر بہتر طور پر سماج کو واپس کرتا ہے۔

پروفیسر وہاب اشرفی لکھتے ہیں کہ منٹو، کرشن چندر اور بیدی افسانہ نگار ہیں ان کی شکلیں بھی الگ ہیں اور اسلوب کا تیور بھی ایک نہیں۔ ان کا خیال ہے کہ اپنے تمام تر برتاؤ کے تیور کے ساتھ زبان کے استعمال سے، انہیں استعمال کرنے والے کی شناخت ممکن ہے۔ الفاظ اسلوب کی تشکیل کرتے ہیں گویا وہ کسی فرد کے خدوخال ہوئے۔ یہ ٹھیک ہے کہ جو الفاظ ایک شخص استعمال کرتا ہے وہ ایک دور یا مزاج یا روایت کے بھی آئینہ دار ہوتے ہیں یعنی وہ انفرادی کے ساتھ اجتماعی خصوصیات بھی رکھتے ہیں۔

پروفیسر محمد حسن نے اردو کے افسانوی ادب میں موجود اسلوب کی اقسام پر بحث کرتے ہوئے لکھا ہے پہلا اسلوب منٹو کا ہے۔ منٹو کے اسلوب پر زور دیتے ہوئے دیگر باتوں کے علاوہ انہوں نے لکھا ہے کہ منٹو کی زبان اپنی روزی کی گفتگو سے گہرا رشتہ رکھنے والی شہری زبان ہے جس میں پنجابی لہجے کے ساتھ بمبئیا اردو کی آمیزش ہے۔ دوسرا اسلوب انہوں نے کرشن چندر کی رومانوی نثر کی تابناکی کو بتایا ہے جہاں روشنی اور دھوپ ہے۔ زندگی کی ناہمواری پر سخت طنز ہے اور یہ طنز واقعات کی زبان پیش ہوتا ہے۔ اچانک موڑ کاٹنے کا کرشن چندر کو شوق نہیں ہے بلکہ یہاں زندگی اپنے پورے توازن اور ہم آہنگی کے ساتھ ابھرتی ہے۔ اسلوب کی رومانوی خوابناکی کے ساتھ ساتھ یہاں قصے کی فضا اور واقعات اور اس کے زیر زمیں تاثرات کا بہاؤ فیصلہ کن ہے۔ جبکہ راجندر سنگھ بیدی کے اسلوب پر روشنی ڈالتے ہوئے محمد حسن نے لکھا ہے کہ ان کے اسلوب میں عام انسان کے اندرونی کرۂ ارض کی سیر ہے جس میں غیر فطری اور غیر معمولی کرداروں کی تحلیل نفسی

کی کوشش نہیں کی گئی ہے بلکہ عام انسانوں کی باطنی زندگی کی چھوٹی موٹی مسرتوں اور حسرتوں کی عکاسی کی گئی ہے۔ یہ گویا چیخوف اور گوگول کی کہانیوں سے قریب ہیں اور اس خصوصیت میں ان کا اگر کوئی ہمسر ہے تو صرف غلام عباس جن کی کہانیاں ـــ "آنندی" اور "دھنک" یا "اوور کوٹ" اس کی مثالیں ہیں۔ فرق صرف یہ ہے کہ غلام عباس تخئیل کے ذریعے بہت دور تک پرواز کرتے ہیں جبکہ بیدی باطنی زندگی کی لطافتوں اور نزاکتوں سے قریب رہتے ہیں۔ "اپنے دکھ مجھے دے دو" اور "لاجونتی" اس کی اعلیٰ ترین مثالیں ہیں۔ ۲

پروفیسر وہاب اشرفی نے بھی بیدی کے اسلوب کے تعلق سے بنیادی سوال اٹھائے ہیں کہ آخر، بیدی کے یہاں الفاظ کس طرح برتے جاتے ہیں یعنی وہ انہیں کس طرح تخلیقی عمل سے گزارتے ہیں؟ کیا ان کی زبان استعاراتی ہے۔ ان جملوں کی ساخت کی کیا کیفیت ہے۔ کیا یہ ڈھیلے ڈھالے ہوتے ہیں یا ان میں کفایت لفظی کے باعث کساؤ کا عالم ہے۔ کیا ان کی نثر تخلیقی رویے کے باعث شاعرانہ کیف وکم سے مملو ہے یا سپاٹ محض ہے۔ اس کے بعد انہوں نے ہر سوال کے جواب میں بیدی کے افسانوں کی مثالوں سے اٹھائے گئے مذکورہ سوالات پر قدرے وضاحت کے ساتھ مدلل بحث کی ہے اور اپنے موقف کا جواز پیش کیا ہے۔ اس تفصیل میں جانے سے پہلے بیدی کے اسلوب پر ان ناقدین کی آراء بھی قابل توجہ معلوم ہوتی ہیں جن سے بیدی کے اسلوب اور زبان کی عقدہ کشائی ہوتی ہے۔

پروفیسر گوپی چند نارنگ نے بیدی کے اسلوب بیان پر بحث کرتے ہوئے اردو ادب میں موجود چند نمایاں اسلوبیات کی طرف توجہ مبذول کرانے کی کوشش کی ہے تاکہ اس تناظر میں بیدی کے اسلوب کو خاطر خواہ طور پر سمجھا جاسکے۔ چنانچہ پروفیسر نارنگ کے

مطابق اردو افسانے میں اسلوبیاتی اعتبار سے جو روایتیں زندہ رہنے کی صلاحیت رکھتی ہیں یا جو اہم رہی ہیں، تین ہیں۔ ان میں پریم چند، منٹو اور کرشن چند کے نام ان کے نزدیک قابل ذکر ہیں۔ پریم چند کی ہندوستانی زبان جو ادنیٰ سی تبدیلی سے اردو اور ادنیٰ سی تبدیلی سے ہندی بن سکتی ہے، کی مثال پیش کی ہے اور بتایا ہے کہ اس طرز کی اسلوبیاتی روایت کے پیروکار بیسیوں افسانہ نگار موجود ہیں۔ دوسرا اسلوب منٹو کی صاف اور حیرت انگیز طور پر ہموار زبان کا اسلوب ہے جو پریم چند کے یہاں اگر سونا تھا تو منٹو کے یہاں تپ کر کندن بن گیا ہے۔ پریم چند کے یہاں جو چیز ٹھیٹھ تھی منٹو کے یہاں اس کا ترشا ہوا روپ ملتا ہے۔ منٹو کا اسلوب الفاظ کے بے جا صرفے کی اجازت نہیں دیتا ہر چیز نتھری ہوئی اور حشووزوائد سے پاک ہوتی ہے۔ اس کے برعکس کرشن چندر کے اسلوب میں الفاظ کی فراوانی ملتی ہے۔ ان کی زبان رومانیت کے تمام اوصاف سے مزین ہے لیکن زبان اور اسلوب کا جادو اور دلکشی زیادہ دور تک ساتھ نہیں چلتی ہے۔ تاہم کرشن چندر اور منٹو کے یہاں زبان اور اسلوب میں بے ساختگی اور روانی بدرجہ احسن موجود ہے۔ ان کے افسانوں میں اسلوب کہیں رکنے اور سوچنے پر مجبور نہیں کرتا ہے۔ افسانے کے مطالعہ کے دوران زبان کہیں اپنی موجودگی اور اسلوب کہیں بھی غیر مانوس اور بالکل مختلف ہونے کا احساس نہیں دلاتے ہیں۔

کرشن چندر اور منٹو کے علی الرغم بیدی کے یہاں زبان اور اسلوب تھام تھام لیتے ہیں اور قاری کو رک کر انہیں اپنی پوری توجہ سے غور کرنا پڑتا ہے تبھی معنویت کے راز سربستہ کے امکانات اور گنجائشوں کی کلید ہاتھ آتی ہے۔ باالفاظ دیگر بیدی کے یہاں کرشن چندر جیسی رنگینی اور چاشنی اور منٹو جیسی بے باکی اور بے ساختگی نہیں ملتی ہے۔ لیکن ان باتوں سے بیدی کے اسٹائل کی عظمت کو کوئی باٹ نہیں لگتا ہے۔ بلکہ انہیں اپنے اسلوب

کی انفرادی پہچان بنانے میں اسے مدد ملتی ہے۔ کرشن چندر اور منٹو کی زبان ٹکسالی ہے اور مروجہ اشارے اور کنائے کے استعمال سے خیال سازی میں کوئی ندرت اور تازہ پن کا احساس نہیں ہو پاتا ہے جبکہ بیدی یہی آورد والے انداز بیان سے خیال جب الفاظ کے پیکر میں ڈھل کر آتے ہیں تو استعارے اور علامات کے رموز اور اشارات میں انوکھا پن موجود ہوتا ہے اور قاری کو اس نادر خیال سے زندگی میں پہلی بار واسطہ پڑتا ہے اور وہ جتنی بار اسے پڑھتا جاتا ہے، اس پر معنویت اپنے دروازے وا کرتی چلتی جاتی ہے۔

بیدی کی زبان پر پنجابی لہجہ اور مقامی بولیوں کا بھی زبردست اثر ہے۔ بیدی کو اس مقامی بولی، لوک گیت اور کہاوتوں کی طاقت کا اندازہ ابتدا ہی میں ہو گیا تھا یہی وجہ ہے کہ وہ انہیں دھڑلے سے، بعض اوقات بالقصد اپنے کردار کی مقامیت اور پنجابیت نمایاں کرنے کے لیے بروئے کار لاتے ہیں۔

کہتے ہیں موضوع اپنی ہیئت خود ساتھ لاتا ہے۔ خیال کسی نہ کسی فارمیٹ میں معرض وجود میں آتا ہے۔ بیدی کے موضوعات چونکہ اردو کے گنگا جمنی ادب میں مختلف تھے۔ ان میں پنجاب کے دیہات کی خوش بو تھی۔ رامائن مہابھارت اور گیتا کے مہاتم کی صفات موجود تھیں۔ لہٰذا اس تناظر میں بیدی کے یہاں خیال جن الفاظ کے قالب میں نمودار ہوئے وہ عام روش اور مرکزی دھارے سے بالکل الگ تھے۔ بیدی کی نہ صرف یہ کہ زبان ٹکسالی نہیں تھی بلکہ بیدی کے دماغ میں جو سوچ اور فکر سماتی ہے اس کا اظہار بھی ساختہ اور مسلمہ معیار سے مختلف ہوتا ہے۔ جس کی وجہ سے انہیں اپنے تخلیقی سفر کے آغاز میں ادب لطیف جیسے معیاری ادبی رسائل کے ایڈیٹروں کے ہاتھوں ہزیمت بھی برداشت کرنی پڑی تھی۔ بیدی اس بات کو آغاز میں سمجھ نہیں پا رہے تھے اور نہ ہی اردو کے معیاری رسائل اس بات کو سمجھتے تھے۔

دراصل، Genius ہمیشہ rule-breaker ہوتا ہے۔ وہ بنے بنائے اصول وضوابط کو توڑتا ہے۔ قدیم آئیکون پر متواتر ضربیں لگاتا ہے اور نیا آئیکون تعمیر کرتا ہے۔ مثلاً اردو کے تنقیدی ادب میں کلیم الدین احمد نے تنقیدی کے بنے بنائے بتوں کو خاکستر کرنے کی کوشش کی تھی۔ ٹھیک اسی طرح بیدی نے افسانوی ادب میں یکے بعد دیگرے بتوں کو زمین بوس کرنے کا جب سلسلہ شروع کردیا اور اپنے خود کے trend set کیے تو ان ایڈیٹروں کو زبان واسلوب کی ایک نئی جہت اور اس کے وسیع امکانات اور گنجائشوں کا احساس ہوا اور وہ رفتہ رفتہ بیدی کے اسلوب سے مانوس اور قائل ہوتے چلے گئے۔

بیدی کا اسلوب دراصل اشاریت اور رمزیت کا حامل ہے۔ بیدی کبھی بھی کوئی بات سپاٹ نثر میں نہیں کہتے ہیں۔ ان کا انداز بیان مورخانہ یا صحافیانہ نہیں ہے۔ ان کا اسلوب تخلیقی ہے۔ ان کی زبان کی ناہمواری اسی تخلیقیت کی وجہ سے ہے۔ وہ تجرد زبان کے قائل نہیں ہے۔ ان کے یہاں خیال بڑے انوکھے اور نادر پیکر میں ڈھل کر آتے ہیں اور ان پیکروں کو الفاظ کا جامہ پہنانے میں بیدی کو آورد کا سہارا لینا پڑتا ہے۔ الفاظ ان کے سامنے ہاتھ باندھے باندی کی طرح کھڑے نہیں رہتے ہیں۔ وہ الفاظ کو زندگی بے پایاں زندگی کے تجربات کے کونے کھدرے سے ڈھونڈ ڈھانڈ کر لاتے ہیں۔ یہی وجہ ہے کہ ان کی عبارتیں سکہ بند قسم کی نہیں ہوتی ہیں۔ ان میں نیاپن اور تازہ پھول جیسی خوشبو اڑ رہی ہوتی ہے۔ "اپنے دکھ مجھے دے دو" سے اس عبارت کی معنوی تازہ کاری ملاحظہ کریں۔

"اندو کچھ دیر چپ رہی اور پھر اپنا منہ پرے کرتی ہوئی بولی—"اپنی لاج—اپنی خوشی—اس وقت تم بھی کہہ دیتے—اپنے سکھ مجھے دے دو—تو میں—" اور اندو کا گلا رندھ گیا۔

اور کچھ دیر بعد وہ بولی—"اب تو میرے پاس کچھ نہیں رہا—"

مدن کے ہاتھوں کی گرفت ڈھیلی پڑ گئی۔ وہ زمین میں گڑ گیا۔۔۔

یہ ان پڑھ عورت ؟۔۔۔ کوئی رٹا ہوا فقرہ۔۔۔ ؟

نہیں تو۔۔۔ یہ تو ابھی سامنے ہی زندگی کی بھٹی سے نکلا ہے۔ ابھی تو اس پر برابر ہتھوڑے پڑ رہے ہیں اور آتشیں برادہ چاروں طرف اڑ رہا ہے۔"

پروفیسر نارنگ نے بیدی کے قول کو نوٹ کرتے ہوئے اپنے مقالہ "بیدی کے فن کی استعاراتی اور اساطیری جڑیں" میں لکھا ہے کہ منٹو نے بیدی کو ایک دفعہ ٹوکا بھی تھا کہ "تم سوچتے بہت ہو، لکھنے سے پہلے سوچتے ہو، بیچ میں سوچتے ہو اور بعد میں سوچتے ہو۔" اس پر بیدی کا کہنا تھا کہ "سکھ اور کچھ ہوں یا نہ ہوں، کاریگر اچھے ہوتے ہیں اور جو کچھ بناتے ہیں ٹھوک بجا کر اور چول سے چول بٹھا کر بناتے ہیں۔" چنانچہ فن پر توجہ شروع ہی سے بیدی کے مزاج کی خصوصیت بن گئی۔ سوچ سوچ کر لکھنے کی عادت نے انہیں براہ راست انداز بیان سے ہٹا کر زبان کے تخیئلی استعمال کی طرف راغب کر دیا۔ "گرہن" کے پیش لفظ میں انہوں نے خود لکھا ہے:

"جب کوئی واقعہ مشاہدے میں آتا ہے تو میں اسے من و عن بیان کر دینے کی کوشش نہیں کرتا۔ بلکہ حقیقت اور تخئیل کے امتزاج سے جو چیز پیدا ہوتی ہے اس کو احاطۂ تحریر میں لانے کی سعی کرتا ہوں۔

مشاہدے کے ظاہری پہلو میں باطنی پہلو تلاش کرنے کا یہی تخیئلی عمل رفتہ رفتہ انہیں استعارہ، کنایہ اور اشاریت کی طرف یعنی زبان کے تخلیقی امکانات کو بروئے کار لانے کی طرف لے گیا۔ ۳۔۔۔ لیکن وہ کہانی جس میں بیدی نے استعاراتی انداز کو پہلی بار پوری طرح استعمال کیا ہے اور اساطیری فضا ابھار کر پلاٹ کو اس کے ساتھ ساتھ تعمیر کیا ہے "گرہن" ہے۔ لٰہذا، بیدی کے فن میں استعارہ اور اساطیری تصورات کی بنیادی

اہمیت ہے۔

"بیدی کے ہاں کوئی واحد واقعہ واقعۂ محض نہیں ہوتا بلکہ ہزاروں لاکھوں دیکھے اور ان دیکھے واقعات کی نہ ٹوٹنے والی مسلسل کڑی کا ایک حصہ ہوتا ہے۔ تخلیقی عمل میں چونکہ ان کا سفر تجسیم سے تخئیل کی طرف، واقعہ سے لاواقعیت کی طرف، تخصیص سے تعمیمکی طرف اور حقیقت سے عرفان حقیقت کی طرف ہوتا ہے۔ وہ بار بار استعارہ، کنایہ اور دیومالا کی طرف جھکتے ہیں۔ ان کا اسلوب اس لحاظ سے منٹو اور کرشن چندر دونوں سے بنیادی طور پر مختلف ہے۔ کرشن چندر واقعات کی سطح تک رہتے ہیں۔ منٹو واقعات کے پیچھے دیکھ سکنے والی نظر رکھتے تھے، لیکن بیدی کا معاملہ بالکل دوسرا ہے۔ چلتے تو یہ بھی زمین پر ہیں، لیکن ان کا سر آکاش میں اور پاؤں پاتال میں ہوتے ہیں۔ بیدی کا اسلوب پیچیدہ اور گمبھیر ہے۔ ان کے استعارے اکہرے یا دہرے نہیں، پہلو دار ہوتے ہیں۔

----بیدی کے پہلو دار استعاراتی اسلوب کی وجہ سے ان کے کرداروں کے مسائل اور ان کی محبت و نفرت، خوشیاں اور غم، دکھ اور سکھ، مایوسیاں اور محرومیاں نہ صرف انہیں کرداروں ہی کی ہیں بلکہ ان میں ان بنیادی جذبات اور احساسات کی پرچھائیاں بھی دیکھی جاسکتی ہیں جو صدیوں سے انسان کا مقدر رہیں۔ یہ مابعد الطبیعیاتی فضا بیدی کے فن کی خصوصیت خاصہ ہے۔

----بیدی کے استعاراتی اور اساطیری اسلوب کے اولین نقوش ان کی ابتدائی کہانیوں میں ڈھونڈنے سے مل جاتے ہیں۔ ان کا پہلا کامیاب استعمال "گرہن" میں کیا گیا تھا لیکن اس وقت بیدی کو اپنی اس قوت کا احساس نہیں تھا۔ آزادی کے بعد "لاجونتی" کی کامیابی نے یقیناً انہیں مزید اس راہ پر ڈالا ہوگا خواہ ایسا لاشعوری طور ہی پر ہوا ہو۔

----پہلی بار پوری طرح یہ اسلوب "اپنے دکھ مجھے دے دو" میں کھل کر سامنے

آیا۔ اس کے بعد تو جیسے بیدی نے اپنے آپ کو پالیا۔ یا انہیں اپنے اسلوب کی بنیادوں کا عرفان ہو گیا۔ "ایک چادر میلی سی" لگ بھگ اسی زمانے میں لکھا گیا۔ اس میں اور اس کے بعد بیدی کے استعاراتی اور اساطیری اسلوب کی قوت شفا کو واضح طور پر دیکھا اور محسوس کیا جاسکتا ہے۔

پروفیسر گوپی چند نارنگ نے اپنے موقف کے جواز کے طور پر کئی مثالیں دی ہیں جن میں سے دو ایک اقتباس مختصراً نقل کیے جاتے ہیں تا کہ نکتے کی خاطر خواہ وضاحت ہو سکے۔ یہ اقتباس دیکھیں:

"وہ سمجھتا ہے کہ اس بار کی تر و تازہ حسین و جمیل دوشیزہ کے بدن پر قبضہ جمائے گا، بار بار اپنائے گا، بے ہوش ہو جائے گا۔ اور وہ نہیں جانتا وہ محض ایک تنکا ہے، زندگی کے بحر زخار میں صرف ایک بہانہ ہے تخلیق کے اس لامتناہی عمل کو ایک بار چھیڑ دینے کا، ایک بار حرکت میں لے آنے کا، اور پھر بھول جانے کا" (لمبی لڑکی)

"موہن نے ہمیشہ عورت کو مایا کے روپ میں دیکھا تھا۔ وہ باہر سے اور اندر سے اور معلوم ہوتی تھی۔۔۔۔ پھر جو عورت کپڑوں میں بھری پری دکھائی دیتی وہ دبلی نکلتی اور دبلی دکھائی دینے والی بھری پری اسے ہی تو مایا کہتے ہیں یا لیلا۔۔۔۔ مایا جس کے بارے میں کہیں یہ ہاتھ نہ آئے گی وہی گردن دبائے گی، اور مایا کیا ہوتی ہے۔" ا (ٹرمینس سے پرے)

پروفیسر وارث علوی نے "اپنے دکھ مجھے دے دو" کے اساطیری اسلوب کا ذکر کیا ہے۔ جہاں اندو کے آرکی ٹائپ میں اس کا کردار اپنے قد سے بہت بڑا معلوم ہونے لگتا ہے اور تاریخ کے اولیں زمانے کی پر اسرار وادیوں کی سیر کراتا ہے۔ یہ اقتباس دیکھیں:

"مدن کے لیے اندو روح ہی روح تھی۔ اندو کے جسم بھی تھا لیکن وہ ہمیشہ کسی نہ کسی

وجہ سے مدن کی نظروں سے اوجھل ہی رہا۔ ایک پردہ تھا خواب کے تاروں سے بنا ہوا۔ آہوں کے دھوئیں سے رنگین، قہقہوں کی زرتاری سے چکاچوند جو ہر وقت اندو کو ڈھانپے رہتا تھا۔ مدن کی نگاہیں اور اس کے ہاتھوں کے دوشاسن صدیوں سے اس دروپدی کا چیر ہرن کرتے آئے تھے جو کہ عرف عام میں بیوی کہلاتی ہے۔ لیکن ہمیشہ اسے آسمانوں سے تھانوں کے تھان، گزوں کے گز کپڑا ننگا پن ڈھانپنے کے لیے ملتا آیا تھا۔ دوشاسن تھک ہار کے یہاں وہاں گرے پڑے تھے لیکن دروپدی وہیں کھڑی تھی۔ عزت اور پاکیزگی کی سفید ساری میں ملبوس وہ دیوی لگ رہی تھی۔"

اسی طرح "ایک چادر میلی سی" کے اسلوب کے ضمن میں وارث علوی کا خیال ہے کہ وہ منظر جس میں خارجی اور سماجی دنیا یعنی رانو، اس کا پریوار، اڑوس پڑوس کی عورتیں اور کوٹلہ گاؤں کا پس منظر بیان کیا گیا ہے وہ دراصل حقیقت پسندانہ اسلوب کے تحت بیان ہوئے ہیں۔

لیکن عورت ہونے کے ناتے رانو فطرت کی تخلیقی قووں کی آئینہ دار بھی ہے۔ اور اس کی زندگی وہاں سے شروع ہوتی ہے جہاں سے فرد شروع ہوتا ہے۔ لٰہذا، بطور فرد کے، ایک انسانی وجود کے، رانو اندر سے کیا ہے۔ اس کے جذباتی تقاضے اور احساسی رویے کیا ہیں۔ یہ جاننے کے لیے بیدی رانو کی فطرت کا مطالعہ عظیم فطرت کے آئینے میں کرتے ہیں۔ یہاں اسلوبی طریقہ استعاراتی ہے۔

ان سب کے علاوہ، بیدی اس ناول میں خلق کی گئی دنیا— خارجی اور داخلی دنیا، انسانی فطرت اور عظیم فطرت سے ماوراکائناتی طاقتوں (Metaphysics) کی روشنی میں زندگی کی لیلا کے مبہم اور پراسرار پہلوؤں کو سمجھنے کی کوشش کرتے ہیں۔ ایسے مقامات پر فرد ٹائپ میں، ٹائپ پروٹوٹائپ میں اور پروٹوٹائپ آرکی ٹائپ میں گھلتا ملتا

رہتا ہے۔ یہاں اسلوبی طریقہ کار اسطوری ہے۔

وارث علوی کے یہ الفاظ دیکھیں جسے انہوں نے مذکورہ نکات کو قدرے اختصار سے بیان کر دیا ہے، بیدی کے اسالیب کے سلسلے میں غور طلب معلوم ہوتے ہیں:

"ناول کی پوری ڈیزائن میں اسالیب کے تینوں رنگ بکھرے پڑے ہیں۔ ناول میں اسالیب بھی فطرت اور انسانی فطرت کی عنصری طاقتوں کی مانند مواد کی وادیوں، پہاڑوں اور جنگلوں پر اپنی برہنہ جنگ کھیلتے ہیں۔ بیک وقت حقیقت نگاری کا سورج تمتماتا ہے۔ اساطیر کی دھند پھیلتی ہے اور استعارات کی دھنک کھلتی ہے۔"۴

بیدی کے سوچ سوچ کے لکھنے کی ایک اہم وجہ یہ بھی رہی ہے کہ جب وہ کسی عورت کا ذکر کرتے ہیں تو ان کے ذہن میں ہزاروں لاکھوں سال پرانی عورت ہوتی ہے۔ وہ اگر کسی کنج کی بات کرتے ہیں تو برہمانڈ کی وسعت میں پھیلے ہوئے کسی دیولوک کا ذکر کر رہے ہوتے ہیں۔ مثلاً "دس منٹ بارش میں" کے بین السطور میں پراشر کا ذکر واحد متکلم کے موجودہ دوست کا تو بیدی ذکر کرتے ہی ہیں ساتھ ہی اس سیکڑوں ہزاروں سال پرانے رشی پراشر کا اشارہ بھی اس واقعے میں مضمر ہوتا ہے جو اپنی فطرت سے منچلے اور آوارہ طبیعت کی وجہ سے بارش میں بھیگتی شرابور ہو رہی مچھیرن کی ناؤ میں مدد لینے کے لیے سوار ہو جاتے ہیں اور اپنی مراد پا لیتے ہیں۔

جوگندر پال نے اسی وجہ سے یہ بات کہی ہے کہ بیدی کے افسانے کو جب کوئی قاری پڑھتا ہے تو اپنے ذہن میں تحلیقتے ہوئے پڑھتا چلا جاتا ہے۔ یعنی تلمیحات کے طور پر ویدوں اور پرانوں سے جابجا اشارے ملتے ہیں۔ انھیں سمجھنے کے لیے ٹھہر ٹھہر کر پڑھنے کی ضرورت پیش آتی ہے۔

اس کے علاوہ، بیدی کی زبان اور عبارتوں سے کماحقہ لطف اندوز ہونے اور مفہوم کو

گرفت میں لینے کے لیے لازمی ہو جاتا ہے کہ رموز واقاف کی انتہائی محتاط طریقے سے پابندی کی جائے۔ ورنہ مفہوم پلک جھپکتے میں خفت ہو جاتے ہیں، اور غیر تربیت یافتہ قاری کو اکتاہٹ محسوس ہونے لگتی ہے۔

بیدی کی زبان اور اسلوب سے پوری طرح معنویت اخذ کرنے کے لیے ضروری ہے کہ قاری ہندو دیومالا کی کم از کم مبادیات سے ضرور واقف ہو جائے۔ اس کی وجہ یہ ہے کہ بیدی کے یہاں عام زندگی میں مجامعیت کرنے والے مرد اور عورت بھی شیو پاروتی اور رتی و کام دیو کے پیرائے میں بیان ہو سکتے ہیں۔ "اپنے دکھ مجھے دے دو" کے مدن اور اندو کی اساطیری تاویل میں دیوی دیوتا پوشیدہ ہو سکتے ہیں جو کہ ہزاروں لاکھوں بلکہ کروڑوں سال پرانے دیولوک کے باسی ہیں۔ جن سے یہ دنیا بسی ہے۔ وارث علوی کے تاویلات کے مطابق "وہ آج کے مرد اور عورت کے آرکی ٹائپ ہیں۔" ان کا ملاپ تقدیس کا عمل ہو سکتا ہے جس میں یونی اور لنگ کی عقیدت مندانہ پرستش کی جاتی ہے۔ وغیرہ وغیرہ۔

بیدی کی وہ کہانی جس میں پہلی بار ہندو دیومالا کے تناظر میں افسانے کا مکمل پلاٹ تیار کیا گیا تھا وہ "گرہن" ہے۔ اس افسانے میں اساڑھی کے کائستھوں میں جب ہولی بیاہ کر آتی ہے تو اس کی ساس اسے پیار سے "چندارانی" کہتی ہے۔ اس کا شوہر رسیلا ہوس کا غلام ہے اور تین چار بچوں کی پیدائش کے بعد ہولی جب کمزور ہو جاتی ہے تو ساس اس کا جینا حرام کر دیتی ہے۔ وہ گرہن کی رات میں ان ظالموں سے نجات حاصل کرنے کے لیے وہاں سے بھاگ جاتی ہے لیکن اس کے گاؤں کا منھ بولا بھائی کتھو رام اسے حاملہ ہونے کے باوجود اپنی جنسی ہوس کا نشانہ بنانا چاہتا ہے۔

اس مختصر سے قصے کے پیچھے دیومالا کا اسطورہ یہ ہے کہ بقول پروفیسر گوپی چند نارنگ

ایک آسمان کا چاند ہے اور ایک زمین کا چاند ہولی۔ چاند گرہن کی رات راہو اور کیتو آسمان کے چاند سے اپنا دیولوک کا قرض وصولنے کے لیے حملہ آور ہوتے ہیں اور اسے گہنا دیتے ہیں۔ دوسری طرف رسیلا اور ہولی کی ساس اور اسٹیم لانچ پر ملنے والا کتھورام زمین کے چاند کو گہنانے کے درپے ہیں اور راہو کیتو کی طرح اس کی زندگی میں گرہن لگا دینا چاہتے ہیں۔

مذکورہ اسلوب کی وضاحت افسانے کے حاشیے یا پاورق میں کہیں موجود نہیں ہے۔ سوم رس یا امرت جو سمندر منتھن کے بعد نکالا گیا ہے۔ وشنو اسے دیولوک میں دیوتاؤں کو تقسیم کر رہے تھے جبھی راہو نام کا راکھشش اپنی صف سے اٹھ کر چھل سے امرت اور پانی الگ الگ کر کے بانٹنے والے وشنو بھگوان کو دھوکا دے کر امرت حاصل کر کے پی لیتا ہے۔ امرت پیتے ہی وہ امر ہو جاتا ہے۔ چاند اور سورج جنہیں اندر اور سوم بھی کہتے ہیں وشنو مہاراج کو بتا دیتے ہیں۔ وشنو اسے سدرشن چکر سے دو ٹکڑے کر دیتے ہیں۔ دوسرے حصے کا نام کیتو پڑتا ہے۔ اس وقت کسی نے انہیں مزید ٹکڑے کرنے سے روک دیا تھا ورنہ نہ جانے کتنے سارے راہو اور کیتو اس دھرتی پر ہوتے اور حسب معمول سال میں دوبار اپنا قرض وصول کرنے کے لیے چاند اور سورج سے بدلہ لیتے رہتے۔ ہولی کی سوچ میں یہ بات مضمر ہے کہ نیک دل ہندو اس دوران چھوڑ دو چھوڑ دو دان کا وقت ہے کی آواز لگاتے ہیں۔ لیکن امرت کے بٹوارے اور سمندر منتھن کا ذکر کہانی میں کہیں نہیں ہے جس کو جانے بغیر افسانے سے کماحقہ طور پر مستفید نہیں ہوا جا سکتا ہے۔

پروفیسر وہاب اشرفی نے بیدی کی نثر کو استعاراتی اور تخلیقی نثر کہا ہے۔ ان کے اسلوب کا جائزہ لیتے ہوئے انہوں نے چند اقتباسات بھی نقل کیے ہیں جن سے ان کی نثر کے اسلوب کے محاسن والے تمام پہلو نمایاں ہو جاتے ہیں۔ بیدی کے سپاٹ پن کی استرداد کرتے ہوئے پروفیسر وہاب اشرفی نے اپنی رائے ظاہر کی ہے کہ ان کے یہاں ہر

موضوع ان کے ذاتی تجربے کی آنچ میں پگھل کے کہانی کا روپ دھارتا ہے، ایسے میں عمومی انداز تحریر داخلی تجربے کی عکاسی نہیں کرسکتا۔ افسانہ "لاجونتی" سے یہ اقتباس دیکھیں:

"لاجو ایک پتلی شہتوت کی ڈالی کی طرح نازک سی دیہاتی لڑکی تھی، زیادہ دھوپ دیکھنے کی وجہ سے اس کا رنگ سنولا ہوچکا تھا۔۔۔ اس کا اضطرار شبنم کے اس قطرے کی طرح تھا جو پارہ ہو کر اس بڑے سے پتے پر کبھی ادھر کبھی ادھر لڑھکتا رہتا۔ اس کا دبلا پن اس کی صحت کے خراب ہونے کی دلیل نہ تھی۔ ایک صحت مندی کی نشانی تھی۔"

اس کے مزاج کی بے قراری کے لیے جو مماثلتیں تلاش کی گئی ہیں وہ کتنی دلکش ہیں۔ ان کا اندازہ لگانا مشکل نہیں، میں ایسی تخلیقی زبان کو استعاراتی کہتا ہوں۔ اس میں تخلیقی عمل کا بڑا جوکھم ہے اور اس انداز میں لکھنا کسی تخلیقی فنکار کے بس کی ہی بات ہوسکتی ہے۔ اگر واقعی اعلیٰ ادب مماثلتوں کی تلاش سے عبارت ہے تو اس معاملے میں بیدی کا امتیاز نمایاں ہے۔ ا

پروفیسر وہاب اشرفی کا خیال ہے کہ بیدی کا استعاراتی اسلوب بہت ہی Picturesque ہے۔ انہوں نے اپنے اس موقف کے لیے جو حوالہ دیا ہے وہ 'لاجونتی" کے یہ چند جملوں پر موقوف عبارت ہے۔ دھرتی کی یہ بیٹیاں مرد کو یوں سمجھتی تھیں جیسے بادل کا ٹکڑا ہو جس کی طرف بارش کے لیے منھ اٹھا کر دیکھنا ہی پڑتا ہے۔ ان کا خیال ہے کہ بیدی نے یہاں ایک بڑی نفسیاتی اور جنسی سچائی کو انتہائی چابکدستی سے پیش کر دیا ہے۔ دھرتی آبیاری کے بعد ہی ثمر آور ہوسکتی ہے۔ مرد اور عورت کے جنسی معاملات کی یہی کیفیت ہے جہاں خواہ مخواہ کی لذتیت نہیں ہے بلکہ آفاقی سچائی کو فطرت کے بعض مظاہر سے تشبیہ دے کر مؤثر بنادیا گیا ہے۔ ایسے جملے اسی ذہن کی پیداوار ہوسکتے ہیں جن میں

خلاقانہ صلاحیت بے پناہ ہوتی ہے۔ بیدی کے یہاں ایسے اظہار کی کمی نہیں ہے۔

بیدی کے یہاں افسانے کے موضوع کے اعتبار سے استعاراتی اور اشارات استعمال ہوتے ہیں۔ "دس منٹ بارش میں" یا "جو گیا" یا "کوارنٹین" کا اسلوب اور زبان کے تمام لوازمات کا التزام ان افسانوں کے پس منظر کے مطابق مشکل اور مستعمل ہوئے ہیں۔ بیدی نے انہیں بڑی ہم آہنگی اور مماثلت کے ساتھ افسانے کے کالبد میں ڈھالا ہے۔ بیدی کے اسلوب و زبان کے سلسلے میں یہ احتیاط اور ہنر مندی انہیں اپنے معاصرین میں ممتاز بناتی ہیں۔

"دس منٹ بارش میں" ہر شے اس قدر بھیگی بھیگی سی محسوس ہوتی ہے کہ افسانے کے دورانیہ میں گمان ہوتا ہے جیسے ہر طرف جل تھل جل تھل ہے اور ہلکی بارش تمام کچی دیواروں کو آج مسمار کر دے گی یا جانور کیا انسان کیا نباتات اور کیا جمادات آسمان اور زمین کے بیچ موجود ہر شے اس بے وقت کی بارش میں بھیگ رہی ہے۔ بیدی کا یہ کمال فن تخلیقیت کا بہترین نمونہ ہے۔"

اسی طرح "کوارنٹین" میں پلیگ، چوہے اور کوارنٹین کے اطراف پوری انسانیت پلیگ کی گلٹیوں اور بخار سے بچنے کے لیے ہر اساں اور پریشاں محسوس ہونے لگتی ہے۔ کہانی میں شروع سے آخر تک ایک جہنم سی آگ اور ہیبت طاری رہتی ہے۔ چاروں طرف موت کا سامان دکھائی پڑتا ہے۔ ایک نفسی نفسی کا عالم پڑھنے والے کو اپنے گھیرے میں لے لیتا ہے۔ یہ تخلیقی اسلوب کا معجزہ ہی ہے۔ "جو گیا" کا سارا ماحول رنگوں میں ڈوبا ہوا ہے۔ خوش رنگ استعاروں سے اور محبت آمیز اشاروں سے پورا افسانہ رنگا ہوا ہے۔ جگل کو دنیا ہر روز اس رنگ میں رنگی ہوئی نظر آتی ہے جس رنگ کا لباس اس کی اپنی جو گیا اپنے تن سے لگا لیتی ہے۔ یہ دیوانگی کی حد تک رنگوں میں ڈوبا دینے والا افسانہ ہے۔ بیدی نے

اس افسانے میں تمام اچھی بری دلی کیفیتوں کو رنگوں کے ذریعے منقش (depict) کر دیا ہے۔ یہ اسلوب کا کرشمہ ہی ہے کہ کہانی کی ہیروئن کا نام تک جوگیا ہے جو کہ جوگ اور لفظ جوگن سے مشتق ہے اور افسانے کا منتہا اسی جوگیا رنگ پر ہوتا ہے۔ ہر چند کہ وہ اس دن ہلکے گلابی رنگ کی ایک خوبصورت ساڑی پہن رکھی ہوتی ہے لیکن انجام جدائی ہے اور اس جدائی یا ویراگ کا رنگ 'جوگیا' ہی ہوتا ہے۔ اس افسانے کا ایک اقتباس قابل قدر ہے جہاں بیدی نے اپنی تخلیقی نثر سے احساس میں جادو سا جگا دیا ہے۔

"جوگیا کا چہرہ سومنات کے پیش رخ کی طرح چوڑا تھا جس میں قندیل جیسی آنکھیں، رات کے اندھیرے میں بھٹکے ہوئے مسافروں کو روشنی دکھاتی تھیں۔ مورتی میں ناک اور ہونٹ زمرد اور یاقوت کی طرح ٹنکے ہوئے تھے۔ سر کے بال کمر سے نیچے تک کی پیمائش کرتے تھیا س کا چہرہ کیا تھا پورا تارامنڈل جس میں چاند خیالوں اور جذبوں کے ساتھ گھٹتا اور بڑھتا رہتا تھا۔۔۔"

پروفیسر سید محمد عقیل رضوی نے عصری آگہی کے بیدی نمبر میں شامل اپنے مضمون "بیدی کی کہانیاں —ایک جائزہ" میں لکھا ہے:

"بیدی نے اپنے افسانوں میں ایک خاص طرح کی زبان کا استعمال، اپنے فن کے اظہار کے لیے کیا ہے۔ حقیقتاً وہ سوشل ریلسٹ ہیں۔ اسی لیے وہ اردو کی افسانوی زبان کا ایسا motive طرز نہیں اپناتے جس کا چلن افسانے کے لیے عام رہا ہے۔۔۔ وہ واقعات کی اصلیت اور سماجی حقیقتوں کو صحیح طور پر پیش کرنے (Projection) کی دھن میں، زبان کی بناوٹ اور اس کے مسلمات کی بھی پرواہ نہیں کرتے۔ اسی وجہ سے ان کی عبارت میں گھیر دار اطناب کے بجائے۔ حیرت انگریز اختصار اور طنز کی کاٹ ابھرتی ہے۔۔۔ بیدی کے الفاظ، اپنی حقیقتوں کو اس طرح سے radiate کرتے ہیں کہ زبان کی بناوٹی

چمک دمک ماند پڑتی ہوئی نظر آتی ہے۔۵

انہوں نے اپنے اس موقف کو چند مثالوں کے ذریعے واضح کرنے کی کوشش کی ہے۔ اس ضمن میں جو انہوں نے اقتباسات نقل کیے ہیں، اس سے بخوبی صراحت ہو جاتی ہے اور مذکورہ بالا نکات نمایاں ہو جاتے ہیں:

"بٹوارہ ہوا اور بے شمار زخمی لوگوں نے اٹھ کر اپنے بدن سے خون پونچھ ڈالا۔ اور پھر سب مل کر ان کی طرف متوجہ ہو گئے جن کے بدن سالم تھے۔ لیکن دل زخمی۔"

(لاجونتی)

"میں نے کوٹ کھونٹی پر لٹکا دیا۔ میرے پاس ہی دیوار کا سہارا لے کر شمی بیٹھ گئی۔ اور ہم دونوں سوئے ہوئے بچوں اور کھونٹی پر لٹکے ہوئے گرم کوٹ کو دیکھنے لگے۔

(گرم کوٹ)

پروفیسر عقیل رضوی کا خیال ہے کہ ان جملوں میں نپے تلے الفاظ ہیں اور جملے کی اثر انگیزی آخری جملے میں نچڑ آئی ہے۔ وہ مزید براں رقم طراز ہیں کہ کہانیوں میں بیدی کی زبان پر زیادہ تر Non-intentional موڈ طاری رہتا ہے۔ جس سے زبان میں بنوٹ نہیں داخل ہوتی اور جملوں میں کئی پرتیں پیدا ہوتی رہتی ہیں۔ ایسی زبان میں کہانی کی اکائی شاید زیادہ قائم رہتی ہے اور اس کا تسلسل بھی مجروح نہیں ہوتا ہے۔ بیدی کے یہاں چھوٹے چھوٹے جملے بھی کہانی کے موڈ اور اس کے تحیر کو نہیں بھولتے اور اس طرح ان کی کھردری ناتراشیدہ زبان، خود اپنا ایک حسن پیدا کر لیتی ہے جو حقیقتوں کا حسن ہے، جس میں زندگی کی کربناکیاں ہیں اور جو تکلفات کی حنابندی سے قطعاً بے پرواہے۔

پروفیسر اسلوب احمد انصاری نے بیدی کی زبان کی خامیوں کی بہت ہی جارحانہ طور سے نکتہ چینی کی ہے۔ ان کا اعتراض ہے کہ بیدی کو زبان اور محاورے پر عبور حاصل

نہیں ہے۔ ان کے یہاں استوار اور منضبط نثر نہیں ملتی۔ اکثر جملوں کی ساخت میں ناپسندیدہ پیچیدگی اور طوالت نظر آتی ہے۔ ان کے بیان کا تکلف اور مصنوعی پن پوری کہانی کی فضا سے غیر آہنگ ہوتا ہے اور اس لیے ابلاغ کے مقصد کو جھٹلا دیتا ہے۔۔۔۔ بیدی الفاظ کے دروبست کا کوئی سلیقہ نہیں رکھتے۔۔۔۔ بیدی کے یہاں ان نقائص کی یہ کہہ کر حمایت کرنا کہ وہ پنجابی اردو لکھتے ہیں، محکم دلیل نہیں ہے۔ زبان کی خوبی کا بہرحال ایک معیار ہوتا ہے، جسے اہل زبان ہی متعین کر سکتے ہیں اور الفاظ کے بنیادی سانچوں اور عام بول چال میں آچکنے کے بعد ان کے تغیر و تبدل کا شعور ہر اس لکھنے والے کے لیے ضروری ہے جو عام انسانوں کی زندگی کے بارے میں لکھے۔ اور معیاری، مہذب اور تربیت یافتہ قارئین کے لیے لکھے۔"٦

پروفیسر اسلوب احمد انصاری کی زبان سے متعلق نکتہ چینی ۱۹۶۸ سے پہلے سامنے آئی تھی تب بیدی کی زبان میں جو سقم تھا اسے خود بیدی نے تسلیم کیا اور انہیں دور کیا ہے۔ انہوں نے اس کے جواز کے طور پر عصمت چغتائی اور فیاض رفعت کے ساتھ ایک انٹرویو میں یہ انکشاف کیا ہے کہ پنجابی کے الفاظ سے زبان enriched ہوئی ہے۔ دوسرے یہ کہ "مکتی بودھ" کا افسانہ "بولو" اور "صرف ایک سگریٹ" اور "ایک باپ بکاؤ ہے" وغیرہ زبان کے اعتبار سے اچھے افسانے ہیں۔ "حجام الٰہ آباد کے" کی زبان بھی بیدی کے "کوکھ جلی" مجموعے کی زبان سے کئی درجہ بہتر ہیں۔ بیدی نے کئی فلموں بشمول "مرزا غالب" کے مکالمے لکھے ہیں "دیوداس" کے مکالمے لکھے اور یہ سب فلمیں باکس آفس پر کامیاب ہوئی ہیں۔ البتہ بیدی کا کوئی دیہاتی پنجابی کردار اپنی مقامی بولی میں مکالمہ ادا کرتا ہے تو یہ کوئی معیوب چیز نہیں بلکہ اسے تو افسانے کے محاسن میں شمار کیا جانا چاہیے۔

حوالہ جات:

ا۔ نثر کا اسٹائل کیا ہے، آل احمد سرور، نظر اور نظریے، ص ۴۸

۲۔ افسانوی ادب کی تدریس، ادبیات شناسی، محمد حسن، ترقی اردو بیورو، نئی دہلی، اشاعت ۱۹۸۹، ص ۱۲۷

۳۔ بیدی کے فن کی استعاراتی اور اساطیری جڑیں، اردو افسانہ روایت اور مسائل، ص ۴۰۶

۴۔ راجندر سنگھ بیدی ایک مطالعہ، ص ۴۳۳

۵۔ اردو افسانے کی نئی تنقید، انجمن تہذیب نو پبلی کیشنز، الہ آباد، اشاعت ۲۰۰۶، ص ۲۴۱

۶۔ بیدی کا فن، ادب اور تنقید، اسلوب احمد انصاری، سنگم پبلشرز، الہ آباد، اشاعت ۱۹۶۸، ص ۳۱۴

***

راجندر سنگھ بیدی: ایک بے مثال افسانہ نگار، مکالمہ نگار

عبدالحفیظ ظفر

اردو کے بڑے افسانہ نگاروں میں ویسے تو کئی نام لیے جاسکتے ہیں لیکن سعادت حسن منٹو' کرشن چند اور راجندر سنگھ بیدی کا ذکر کیے بغیر بات مکمل نہ ہو گی۔ آج ہم راجندر سنگھ بیدی کے فن افسانہ نگاری کے بارے میں اپنے قارئین کو بتائیں گے۔ یکم ستمبر ۱۹۱۵ء کو پیدا ہونے والے راجندر سنگھ بیدی کا تعلق ترقی پسند تحریک سے تھا۔ انہوں نے اردو افسانہ نگاری میں اپنا ایک الگ مقام بنایا' بیدی کی پیدائش سیالکوٹ میں ہوئی۔ انہوں نے اپنی زندگی کے ابتدائی ایام لاہور میں گزارے۔ جہاں انہوں نے اردو میں تعلیم حاصل کی۔ ان کا پہلا افسانوی مجموعہ "دانہ و دام" تھا۔ جس میں ان کا معرکہ آرا افسانہ "گرم کوٹ" بھی شامل تھا۔ یہ افسانوی مجموعہ ۱۹۴۰ء میں شائع ہوا۔ ۱۹۴۲ء میں ان کا دوسرا افسانوی مجموعہ "گرہن" شائع ہوا۔ ۱۹۴۳ء میں انہوں نے لاہور کے ایک چھوٹے فلم اسٹوڈیو مہنیش واری فلمز میں شمولیت اختیار کرلی۔ ڈیڑھ برس بعد وہ دوبارہ آل انڈیا ریڈیو چلے گئے اور ان کی پوسٹنگ جموں میں کر دی گئی۔ وہ ۱۹۴۷ء تک آل انڈیا ریڈیو میں کام کرتے رہے اور وہ جموں اینڈ کشمیر براڈکاسٹنگ سروس کے ڈائریکٹر بن گئے۔ تقسیم برصغیر کے وقت راجندر سنگھ بیدی نے کئی اور افسانے لکھے جو بے حد مقبول ہوئے انہوں نے اردو افسانے کو نہ صرف نیا اسلوب دیا بلکہ موضوعات کے حوالے سے بھی کئی تجربے

کئے۔ ان کا ناولٹ "اک چادر میلی سی" بھی اس لحاظ سے منفرد حیثیت رکھتا ہے کہ اس میں انہوں نے اسلوب کے حوالے سے بالکل مختلف تجربات کئے۔ اس کے علاوہ اس ناولٹ کا موضوع بھی چونکا دینے والا تھا۔ اس ناولٹ پر ہندوستان اور پاکستان میں فلمیں بھی بنائی گئیں۔ ان کے دیگر افسانوی مجموعوں میں "کوکھ جلی" "اپنے دکھ مجھے دے دو" اور ڈراموں کا مجموعہ "سات کھیل" بھی شامل ہیں۔ ان کے مشہور افسانوں میں "جو گیا" لاجونتی،'گرہن،'گرم کوٹ،'کلیانی" اور کئی دوسرے افسانے شامل ہیں۔ بعض نقاد بھی ان کے افسانوں پر یہ اعتراض کرتے ہیں کہ ان میں ہندی الفاظ کی بھر مار ہوتی ہے۔ اس سلسلے میں راجندر سنگھ بیدی کا کہنا تھا کہ اس کا انحصار اس ماحول پر ہے جس میں یہ افسانے لکھے گئے۔ اگر ایک افسانے میں پنجاب کے گائوں کا ماحول پیش کیا جا رہا ہے تو پھر کرداروں کی زبان بھی وہی ہو گی۔ اسی طرح اگر ایک افسانہ مکمل طور پر ہندو معاشرے کے پس منظر میں لکھا گیا ہے تو پھر زبان بھی وہی ہو گی۔ بیدی نے فرسودہ روایات معاشرتی تفریق اور معاشی انصاف پر بہت لکھا۔ وہ کردار سازی بھی کمال کی کرتے تھے۔ ان کے افسانوں کے بعض کردار امر ہو چکے ہیں۔ ان کے افسانوں کی ایک اور بڑی خوبی ان کی قوت مشاہدہ ہے۔ ان کے افسانوں میں ہمیں طنز و تشنیع بھی ملتا ہے۔ ان کے طنز کرنے کا انداز بھی بہت متاثر کن ہے۔ وہ روایتی انداز سے ہٹ کر طنز کے تیر چلاتے ہیں۔ بعض اوقات ان کی بظاہر سادگی سے کہی ہوئی بات طنز کی چادر میں لپٹی ہوتی ہے اور بادی النظر میں یہ ہر گز محسوس نہیں ہوتا کہ بیدی نے طنز کے تیر چلائے ہیں۔ ذرا سا غور کریں تو پھر یہ حقیقت منکشف ہوتی ہے کہ افسانہ نگار کمال مہارت سے اپنے فن کے جوہر دکھا گیا ہے۔ راجندر سنگھ بیدی نے بے شمار فلموں کے مکالمے بھی لکھے اور انہوں نے بطور مکالمہ نگار بھی اپنے آپ کو منوایا۔ ۱۹۵۲ء میں اُنہوں نے فلم "داغ" کے مکالمے لکھے جو

آج تک لوگوں کو یاد ہیں۔ انہوں نے ایک ذاتی فلم "دستک" بھی بنائی۔ اس میں بھی اُن کے مکالمے بہت مشہور ہوئے۔ ۱۹۵۴ء میں اُن کے افسانے "گرم کوٹ" پر اسی نام سے فلم بنائی گئی۔ اس فلم میں بلراج ساہنی اور نروپارائے نے مرکزی کردار ادا کئے تھے۔ ان کی شاندار مکالمہ نگاری جاری رہی اور کئی فلموں میں اُن کے شاندار مکالموں نے لوگوں کے دل جیت لیے۔ بیدی کے فن کا سورج ایک طویل عرصے تک چمکتا رہا۔ مکالموں کے حوالے سے اُن کی دیگر فلموں میں "مرزا غالب' دیوداس' مدھومتی' انورادھا' انوپما' ستیا کام اور ابھیمان" شامل ہیں۔ راجندر سنگھ بیدی کے بیٹے نریندر بیدی بھی فلموں کے ہدایتکار تھے' اور انہوں نے "جوانی دیوانی' بے نام' رفو چکر اور صنم تیری قسم" جیسی فلمیں بنائیں۔ راجندر سنگھ بیدی ۱۹۸۲ء میں شدید علیل ہو گئے اور اسی سال وہ چل بسے۔ ان کی یاد میں بھارتی پنجاب کی حکومت نے راجندر سنگھ بیدی ایوارڈ کا اجرا کیا یہ ایوارڈ ان کی اردو ادب کی خدمات کے حوالے سے شروع کیا گیا۔ راجندر سنگھ بیدی نے اردو ادب کی جتنی خدمت کی اور پھر اس کے ساتھ ساتھ انہوں نے اپنی مکالمہ نگاری سے جو مقام بنایا اُس حوالے سے اُن کا نام ہمیشہ زندہ رہے گا۔

***

راجند سنگھ بیدی اور ایک چادر میلی سی

محمد توصیف

راجندر سنگھ بیدی بنیادی طور پر ترقی پسند افسانہ نگار ہیں۔ کرشن چندر، منٹو، عصمت چغتائی جیسے مشہور افسانہ نگاروں میں بیدی کا شمار ہوتا ہے۔ بیدی افسانہ نگاروں کی فہرست میں تو پیش پیش نظر آتے ہیں لیکن ناول نگار کی حیثیت سے دیکھا جائے تو بیدی کو وہ عزت اور مقبولیت حاصل نہیں ہو پائی جو افسانہ نگاری کے میدان میں حاصل ہوتی ہے۔اس کی ایک خاص وجہ یہ بھی تھی کہ بیدی کہ ناول "ایک چادر میلی سی" کے بارے میں اردو ادب کے ناقدین کی مختلف رائے تھی۔ کسی نے اسے ناول کا درجہ دیا تو کسی نے اس کو ناولٹ کے نام سے پکارا اور کسی نے اسے طویل افسانے میں شمار کیا۔اس کی ایک خاص وجہ ناول کے اصول و تراکیب بھی تھے۔لہذا "ایک چادر میلی سی "کو الگ الگ ناموں سے پہچانا جانے لگا۔

دراصل ناول کا کینوس وسیع ہوتا ہے اور اس میں کرداروں کی کوئی قید نہیں ہوتی۔اور زندگی کے زیادہ تر سماجی مسائل کو ناول کے اندر پیش کیا جاتا ہے۔ناول کی بنسبت ناولٹ موضوعاتی اعتبار سے چھوٹا ہوتا ہے۔ جس میں مخصوص مواد اور خاص کرداروں کی مدد سے ناولٹ کی نقاشی کی جاتی ہے۔ جس کی وجہ سے ناول ناولٹ اور افسانے کی درمیانی شکل اختیار کرلیتا ہے۔راجندر سنگھ بیدی کے ناول ایک چادر میلی سی

کے بارے میں پروفیسر قمر رئیس اپنی کتاب "اردو میں بیسویں صدی کا افسانوی ادب میں لکھتے ہیں

"بہت سے افسانہ نگاروں کی کہانیاں طویل تر ہو کر ناولٹ بنتی نظر آتی ہیں۔ مثال کے طور پر راجندر سنگھ بیدی کا " ایک چادر میلی سی "بلونت سنگھ کا" ایک معمولی لڑکی"، جیلانی بانو کا" جگنو اور ستارے "سہیل عظیم آبادی کا" بے جڑ کے پودے" قراۃ العین حیدر کا" ہائوسنگ سوسائٹی "اور جوگیندر پال کا" بیانات"۔

بیدی ایک فنکارانہ حیثیت کے حامل تھے۔ان کا تخلیقی دائرہ بہت وسیع تھا۔وہ کرشن چندر کی طرح کسی مخصوص خطے کی گردش نہیں کرتے۔اور نہ ہی منٹو کی طرح نسوانی فحش نگاری کے قائل تھے۔عصمت چغتائی بھی بس عورتوں پر ہو رہے مظالم اور استحصالِ حقوق کی آئینہ دار نظر آتی ہیں۔لیکن بیدی کی تخلیقی قوت تخلیقی کائنات میں ارتقائی کیفیت پیدا کرتی ہے۔اور تغیری عناصر کو واضح بھی کرتی ہے۔بیدی کی کہانیوں میں جنس اور حقیقت کے لوازمات بنیادی عنصر تھے۔بیدی منٹو کی طرح برہنگی اختیار نہیں کرتے بلکہ سماجی ناانصافیوں، محرومیوں اور ظلم و ستم کے پسِ پشت جذبوں کو منظرِ عام پر لاتے ہیں۔وہ تمام تر حالات کا تجزیہ بھی کرتے ہیں جس کی وجہ سے بیدی کی فنکارانہ شخصیت عظیم تر ہو جاتی ہے۔بیدی نے اپنے ناول ایک چادر میلی سی میں حقیقت نگاری سے کام کیا ہے۔جس کی وجہ سے پنجاب کے دیہات کی تہذیبی اور ثقافتی صورتِ حال ابھر کر سامنے آتی ہے جس سے قاری کا ذہن بھی متاثر ہو جاتا ہے۔

"ایک چادر میلی سی" راجندر سنگھ بیدی کا اول اور آخر ناول ہے۔یہ ناول پنجاب کے دیہات کے پس ماندہ معاشرے اور سنگھ گھرانے کے معاشی حالات کی نشاندہی کرتا ہے۔پورا ناول پنجاب کے کوٹلہ گائوں کے تانگے والے کی بیوی رانو پر محیط

ہے۔ رانوں ایک چادر میلی سی کا مرکزی کردار ہے۔ اس کا ایک دیور ہے جسے وہ اپنی اولاد کی طرح چاہتی ہے۔ وہ تین بچوں کی ماں بھی ہے۔ رانو کے ساس سسر بھی ہیں۔ پریشانی کا سبب یہ ہے کہ رانو کا میاں تلوکا کو شراب کی لت ہے اور شراب کے نشے میں بیوی اور گھر والوں سے مار پیٹ بھی کرتا ہے۔ رانو پر ستم بالائے ستم ڈھاتا ہے۔ تلوکا ایک بد اخلاق کردار ہے۔ وہ بھولی بھالی لڑکیوں کو ساہوکاروں اور زمینداروں کے پاس لے جاتا ہے۔ ان ہی بد کاموں کی وجہ سے ایک دن تلوکا کا قتل ہو جاتا ہے اور رانو بیوہ ہو جاتی ہے۔"

بیوہ عورت کو ہندوستانی سماج کی نظروں میں بہت خراب سمجھا جاتا ہے۔ راجندر سنگھ بیدی نے ایسی ہی صورتِ حال کو اپنے ناول ایک چادر میلی سی کا موضوع بنایا ہے۔ حد تو یہ ہوتی ہے کہ پھر اسی کے دیور منگل سے شادی کرنے کی تجویز رکھی جاتی ہے۔ وہ منگل جس کو رانو نے اپنی اولاد کی طرح پالا تھا۔ اب اسی منگل کو رانو اپنے شوہر کے طور پر کس طرح قبول کرے؟ یہ میلی سی چادر اوڑھنا رانو کی مجبوری بن جاتی ہے۔ یہ میلی چادر ظاہری طور پر حفاظت کی علامت ہے۔ رانو وقت اور حالات کے ساتھ خود کو ڈھال لیتی ہے اور پھر وہ مجبوراً منگل کو اپنا شوہر تسلیم کر لیتی ہے۔ رانو کا کردار صبر و تحمل کی عمدہ مثال ہے۔ جس میں جوش و جذبہ بھی ہے اور غصے کے ساتھ محبت کی چاشنی بھی ہے۔ رانو ایک ماں بیوی بہو یا یوں کہو کہ ایک مکمل عورت کی شکل میں ابھر کر سامنے آتی ہے۔ ان تمام تر خوبیوں کی ملی جلی کیفیت اور نفسیات کو بیدی نے بہت ہی دلکش انداز میں پیش کیا ہے۔

بیدی کی کہانیوں میں پلاٹ کتنے ہی قسم کا کیوں نہ ہو مگر ان کے کرداروں میں عورت کا کردار مقرر کر دیا گیا ہے جیسے ایک چادر میلی سی کی رانو لاجونتی کی لاجو اور اپنے دکھ مجھے دے دو کی اندو ایک امر کردار کی صورت میں نظر آتے ہیں۔ اس کے بعد وہ

عورت کے کسی بھی پہلو کو اپنی کہانی کا موضوع بنا سکتے ہیں۔ بیدی نے رانو کے کردار کو اتنا حقیقی بنا کر پیش کیا ہے کہ اگر ہم اس کردار کو ناول " امراؤ جان " اور گئو دان" کی دھنیا سے ملا کر دیکھیں تو بے جا نہ ہو گا۔ رانو کا کردار اتنا امر ہو جاتا ہے کہ اایک جگہ شمیم نکہت لکھتی ہیں۔

"اس میں ہندوستانی عورتوں کی ساری امنگوں اور آرزومندیوں کو مجسم کر دیا ہے۔ پھر اسے مردوں کی بنائی ہوئیایک ایسی جہنم میں چھوڑ دیا ہے جسے سماج کہتے ہیں۔ پسماندگی، جہالت اور عسرت کو خاموشی سے رہنے والا جو اپنی ذلت و محرومیوں کا انتقام اس عورت سے لینے آیا ہے جو جنتی ہے۔ جس کے دل میں ایثار ہے۔ ہمدردی اور محبت کی موجیں اس طرح امنڈتی ہیں کہ بے کنار سمندر بھی پناہ مانگتا ہے جو اس دھرتی پر قدرت کی سب سے حسین تخلیق ہے۔"

بیدی اپنی کہانیوں کو پریم چندر کی طرح ساہوکاروں کے جبراً استحصال اور مظالم کی حدوں تک محدود کر سکتے تھے۔ مگر بیدی کی نظروں میں ظلم محض ظلم ہے پھر چاہے وہ کسی بھی درجے کا ہو یا کسی بھی شکل میں۔ وہ ان تمام تر پریشانیوں سے نجات دلانے کی راہیں ہموار کرتے ہیں ان کی ہر تخلیق میں راستہ بے معنی پوشیدہ ہوتا ہے۔ بیدی افسانہ نگار ہوں یا ناول کے تخلیق کار، ان کی ان ہیں تخلیقی کاوشوں کو پڑھ کر کرشن چندر نے بیدی سے کہا تھا کہ "تم نہیں جانتے کہ تم نے کیا لکھ ڈالا۔" اور خوشونت سنگھ بھی اس ناول " ایک چادر میلی سی" سے اتنا متاثر ہوئے کہ اس کا انگریزی میں " Take this woman" کے نام سے ترجمہ کر دیا۔

بیدی کے تخلیقی زاویے انسان کے ذہنی رویوں اور ان کی باطنی کشمکش سے الگ نہیں ہوتے۔ بلکہ ان حالات و جذبات کو ایک چادر میلی سی کی بنیاد بنا لیتے ہیں۔ ہمیں ناولٹ

ایک چادر میلی سی میں وہ سب کچھ حاصل ہوتا ہے جو بیدی کے فن کی ساخت ہے۔معاشرت، فطرت اور ماحول سے پریشان لوگ رشتوں کی پاکیزگی،ان رشتوں کی عزت اور اہمیت اور پھر ان ہی رشتوں کی بے قدری، حد درجہ کی غریبی اور پھر ساہوکاروں اور امیروں کے ہاتھوں غریبوں کا استحصال، غریبوں کے ہاتھوں بھی غریبوں کی بے حرمتی قتل وغارت گری، دھوکہ اور مکاری وغیرہ راجندر سنگھ بیدی کی کہانیوں میں نمایاں طور پر اجاگر ہوتے ہیں۔بیدی کی تخلیقی کاوش بے مثال اور یکتائے اثر نظر آتی ہے۔ان میں اعلی سطحی تخلیق بھی موجود لیکن کہیں کہیں خامیاں بھی کثرت سے نظر آتی ہیں۔ناول ایک چادر میلی سی دراصل خلافِ قائدہ اور خلاف معمول ہوتا نظر آتا ہے۔بیدی کی بیشتر تخلیقوں میں بہت سے کردار، موضوعات، تخیل،نئے تجربات اور نظریاتی زاویہ بے معنی ہو جاتے ہیں۔ایک چادر میلی سی میں بھی بیدی نے بہت سی کمیوں کو نظر انداز کیا ہے۔مثلا رانو کی اولاد جیسے دیور منگل سے شادی سماج اور رشتوں کے خلاف نظر آتا ہے۔ہندوستانی سماج اور مذاہب میں اکثر ایسا ہوتا نظر آیا ہے مگر بیدی ناول " ایک چادر میلی سی" کے ابتدائی دور میں رشتوں میں شدید چاشنی پیدا کر دیتے ہیں۔پھر ان رشتوں میں بے ثباتی یا تغیر پزیری کی کوئی جگہ باقی نہیں رہ جاتی۔بیدی کی جدت نگاری کہیں کہیں کمزور نظر آتی ہے۔وہ جدت نگاری کی دلدل میں پھنس کر ممتا کے رشتے، محبت و جذبات، فکر و فن کو بالائے طاق رکھ کر ان تمام رشتوں کو نئے زاویہ نظر سے دیکھنے کی ایک کمزور اور بے مزہ کوشش کرتے نظر آتے ہیں۔کئی جگہ کرداروں کو غیر حاضر بنا دیتے ہیں۔پورے ناول میں تلوکا کا قاتل منشر خیالی نظر آتا ہے۔مگر آخر میں رانو اپنی بڑی بیٹی کی شادی اپنے شوہر کے قاتل سے کرانے پر کس طرح راضی ہوتی ہے؟ یہ شادی کن حالات میں ہوتی ہے؟ ان تمام تر پہلوؤں پر راجندر سنگھ بیدی خاموش

نظر آتے ہیں۔

جہاں تک رانو کے کردار کا سوال ہے تو وہ ایک مکمل ہندوستان عورت کا مجسمہ کہلانے کے لائق ہے۔ مگر ایک جگہ یہ منجمد کردار بھی منتشر ہوتا ہوا نظر آتا ہے۔ جب رانو خود اپنی اولاد کو جسم فروشی کی دلدل میں اترنے کا راستہ دکھاتی ہے۔

***

راجندر سنگھ بیدی کے ناولٹ "ایک چادر میلی سی" میں پنجابی تہذیب

جمشید احمد ٹھوکر

ادب انسانی لاشعور کی تکمیلیت کا ذریعہ ہے جو شعور کے صفحوں پر بکھر کر انسانی ضمیر کو جھنجوڑتا ہے جس سے ہر ادیب یا تخلیق کار کے مافی الضمیر کے ساتھ ساتھ اس کے ماحول یا سماج کو جانچا جا سکتا ہے۔ اردو کے افسانوی ادب میں راجندر سنگھ بیدی ایک اہم نام ہے۔ انھوں نے اپنے افسانوی ادب کی اساس 'مشاہدے' تخیل اور فکر کی بنیادوں پر استوار کیا ہے۔ انھوں نے جو کچھ لکھا اس میں غوطہ زن ہو کر لکھا۔ ان کی تخلیقات میں اپنے عہد کے انسانوں کے جذبات و احساسات 'افکار و خیالات 'عقائد و توہمات' رسوم و رواج 'تہذیب و ثقافت' اخلاقی و روحانی عناصر' غم و غصہ 'نفرت و محبت کے ساتھ ساتھ فکری رویئے' ذہنی رجحانات اور جذباتی ہلچل سب عیاں ہو جاتے ہیں۔

راجندر سنگھ بیدی کے ناولٹ کی اساس معاشی بدحالی پر استوار ہے اس معاشی بدحالی کے پس منظر میں انھوں نے ایک گھر کا نقشہ کھینچا جس سے ایک عہد کا ماحول 'تہذیب' معاشرت' ذہنی و اخلاقی معیار، تربیت اور شرافت سب عیاں ہو جاتے ہیں۔ بیدی نے ناولٹ کا بنیادی ماخذ دیہی زندگی سے لیا ہے۔ پورے ناول میں بنیادی طور پر تین حقیقتیں بیان کی گئی ہیں، اول مذہبی اساطیر، دوم انسانی فطرت اور سوم زمینی

واقعات ہے۔ انہی تین حقیقتوں سے ناول اول تا آخر جاری و ساری رہتا ہے جسے سماج کا چہرۂ فطرت، رسم و رواج، تہذیب و ثقافت وغیرہ غرض ظاہر و باطن منعکس ہو جاتا ہے۔ ناول میں جن حالات و واقعات کو بیان کیا گیا اسے زندگی کے مخفی حقائق سے پردہ اُٹھ جاتا ہے۔ جو کہ افراد کے اعمال و خصائل اور مظاہر فطرت کی صورت میں ہمارے سامنے آتے ہیں۔ کرداروں اور فطرت کا یہ اشتراک پورے ناول میں آئینہ تمثال نظر آتا ہے۔

بیدی نے ناول میں زندگی کی جس حقیقت کو اُبھارا ہے وہ سطحی نہیں بلکہ پیچیدہ اور پہلودار ہے۔ جس میں خوشی اور غم، المیہ اور طربیہ وغیرہ ہمہ رنگی کے ساتھ پیش ہوا ہے۔ اس میں بیدی کے خارجی اور داخلی احساسات ہم آہنگ ہوتے ہوئے بھی آفاقی نظر آتے ہیں جو زندگی کی تلخ حقیقتیں پیش کرتا ہے۔ اگرچہ یہ پورا ناول رانو کے کردار کے ارد گرد گھومتا ہے مگر اس میں سماج کی وہ تمام تلخ حقیقتیں ظاہر ہوتی ہیں جس میں سماج کی غریبی، اُن کی تہذیب و تمدن، اُن کی معیشیت اور بے بسی و لاچارگی سب کھل کر سامنے آتی ہے۔ گویا ناول میں جس نظام کو خلق کیا گیا وہ افراد کے ذہن و دل، مظاہر فطرت کے حالات و واقعات اور اشیا کے باہمی تعلق سے قائم ہے، جو ایک بھرپور تہذیب کی عکاسی کرتا ہے۔ اس ضمن میں شمس الحق عثمانی لکھتے ہیں:

"ایک چادر میلی سی کی بُنت میں جن افرد کے ذہن و دل اور حالات و واقعات شامل ہے وہ ایک سر زمین اور اُس سر زمین کی مخصوص بو باس کے حامل ہوتے ہوئے بھی ہندوستان (برصغیر) کے آدمی کا ظاہر و باطن منعکس کرتے ہیں"۔1

اسی بات کو علی احمد فاطمی نے اس انداز میں لکھا ہے:

"یہ کہانی صرف رانو کی نہیں ہے۔ ایک گھر کی بھی نہیں بلکہ اُس سماج کی ہے جہاں غریبی کا تسلط ہے، بے بسی و بے چارگی کا دور دورہ ہے۔ افلاس نے احساس کو مار دیا

ہے"۔۲

بیدی نے اپنے ناولٹ میں جن کرداروں کو پیش کیا ہے وہ قاری کے ذہن پر اپنا عکس چھوڑتے ہیں۔ان کرداروں کی بدولت ہی بیدی نے اس معاشرے کا چہرہ پیش کیا جس سے اس معاشرے کی تہذیب و تمدن اپنی تمام تر رعنائیوں کے ساتھ جلوہ گر نظر آتی ہے۔ کرداروں میں عورت، مرد، بچے سب کی نفسیات عیاں ہونے کے ساتھ ساتھ اُن کی معصومیت اور مظلومیت کے علاوہ ناول میں پنجاب کی عوامی تہذیب کا خاکہ اُبھرتا ہوا نظر آتا ہے جس کو بیدی نے اُن کے خیالات، عقائد اور نظریات کے ساتھ اور اُنہی کی زبان سے پیش کیا ہے۔

بیدی نے ناول میں جس سماج اور معاشرے کی عکاسی کی ہے اس کو ہم بیدی کے تخلیق شدہ کرداروں کے حوالے سے ہی پیش کرنے کی سعی کریں گے جو کہ اُن کی زبان، اُن کے خیالات، عقائد اور دوسرے تہذیبی عناصر کو ظاہر کر دیتا ہے۔ اس ناول کے کرداروں میں مثبت اور منفی دونوں رویے نظر آتے ہیں جو کہ تہذیب کی شائستگی اور تہذیبی زوال کے دونوں رُخ پیش کرتے ہیں۔

ناول کے کرداروں میں "جنداں" ایک اہم کردار ہے جو کہ 'رانو' کی ساس اور 'تلوکا' اور منگل کی ماں ہے۔ جنداں ایک روایتی ساس کی طرح اپنی بہو کو ڈانتی ہے، گالیاں دیتی ہے اور بار بار گھر سے نکلنے کی دھمکی دیتی ہے۔ گویا وہ 'رانو' کی معصومیت اور مظلومیت دونوں سے فائدہ اُٹھاتی ہے۔ 'جنداں' کی زبان سے نکلنے والا ہر جملہ اس تہذیب کا عکس بیان کرتا ہے۔ جس میں جہاں غصہ اور نفرت ہے وہیں معاشرے کی حقیقت اور مثالیت پسندگی کی بہترین مثال بھی ہے۔ جو دیہی علاقے کے ایک مخصوص طبقے کی تہذیب سے بالا تر ہو کے نظر آتا ہے جس کو بیدی نے ناول میں اس انداز سے پیش کیا

ہے۔:

"رانی کو تو دیکھتے ہی بڈھیا کے بدن کے سارے تکلے کھڑے ہو جاتے ہیں اور وہ رانو پر اپنی گالیوں کے چھاجوں کے چھاج خالی کر دیتی ہے۔۔۔۔۔۔رنڈیئے، ڈائنے! چڑیلیے۔۔۔۔۔۔ میرے بیٹے کو کھا گئی اور اب ہم سب کو کھانے کے لیے منہ پھاڑے ہوئے ہے۔۔۔۔۔۔چلی جا۔۔۔۔۔۔ جدھر منہ کرنا ہے کرے اب اس گھر میں کوئی جگہ نہیں تیرے لیے۔"[۳]

دوسری جگہ بیدی نے اس کی تصویر کشی کچھ اس طرح کی:

"جنداں آتے ہی بولی۔۔۔جانتی تھی۔۔۔۔۔ میں جانتی تھی ایک دن یہ چاند چڑھنے والا ہے۔۔۔۔۔۔ہائے۔۔۔۔۔یہ ٹپڑی داسوں (خانہ بدوشوں) کی اولاد۔۔۔۔۔۔ جانے کہاں سے ہمارے گھر میں آگئی۔۔۔۔۔۔؟"[۴]

مندرجہ بالا دونوں اقتباسات سے صاف ظاہر ہوتا ہے کہ اُس مخصوص علاقے کی بوڑھی عورتوں میں کس طرح کی نفرت، بغض اور حسد کے ساتھ ساتھ اخلاقی گراوٹ ظاہر ہوتی ہے۔ گویا معاشرے میں بوڑھی عورتوں کی بد سے بدتر اخلاقی صورتحال عیاں ہو جاتی ہے جو کہ پنجاب کے کوٹلے گائوں کا نقشہ پیش کرتا ہے۔

ناول کا دوسرا اہم کردار 'چنوں' ہے۔ اس کردار سے بیدی نے اس معاشرے کا دوسرا تہذیبی رخ دکھایا ہے۔ 'چنوں' بھی ایک عورت ہے اور اس میں رانو کے لیے محبت اور ہمدردی پائی جاتی ہے۔ 'تلوکا' کی موت کے وقت اور اس کے بعد 'چنوں' کی ہمدردی کا خلاصہ کرتے ہوئے بیدی نے لکھا ہے۔:

"رانو باہر دوڑی، پھر اندر چلی آئی پھر باہر اٹھ دوری۔۔۔۔اس کی سمجھ میں کچھ بھی نہیں آرہا تھا۔۔۔۔ وہ یہ سب کرنے والی تھی کہ چنوں نے پکڑ لیا اور اس کے ہاتھ

دیوار سے مار مار کر چوڑیاں توڑنے لگی۔ پورن دئی باہر سے مٹی کی مٹھیاں بھر کر لائی اور رانو کے سر پر خالی کر دی۔"۵؎

'تلوکا' کی موت کے بعد 'چنوں' کی ہمدردی 'رانو' کے ساتھ برقرار رہی جس کا اظہار بیدی نے ان الفاظ میں کیا:

"چنوں شروع ہوئی یہ جنداں بندی، یہ ساس تیری تجھے جینے نہ دے گی، اس گھر میں بسنے نہ دے گی۔۔۔۔۔ یہاں رہنے کا ایک ہی طریقہ ہے۔ کیا طریقہ؟۔۔۔۔ رانو نے جاننے سے پہلے ہی ڈھارس پاتے ہوئے کہا وہ یہ کہ تو۔۔۔۔ منگل سے شادی کرلے۔ چادر ڈال لے اس پہ"۔٦؎

مندجہ بالا دونوں اقتباسات میں ایک تہذیبی رسم نظر آتی ہے۔ ایک یہ کہ شوہر کے مرنے پر عورت کی چوڑیاں توڑنا اور دوسرا چادر ڈالنے کی رسم ہے۔ گویا 'چنوں' رانو کو پہلے چوڑیاں توڑتے وقت ہمدردی دکھاتی ہے اور پھر اب اُسی 'رانو' کو پھر سے نئ چوڑیاں پہننے کی نہ صرف مشورہ دیتی ہے بلکہ ہمدردی کا اظہار بھی کرتی ہے۔ اگرچہ چادر ڈالنے کی رسم بہ ظاہر زوال پذیر تہذیب کی عکاسی کرتی ہے مگر اس میں انسانی بقا کی خیر سگالی بھی نظر آتی ہے۔ جس کو بیدی نے ان الفاظ میں جامہ پہنایا:

"چنوں بولی، دیکھ۔۔۔۔ تجھے اس دنیا میں رہنا ہے کہ نہیں رہنا؟ اس پیٹ کا نرک بھرنا ہے کہ نہیں بھرنا؟ اس اپنی شرم کو ڈھانپنا ہے کہ نہیں ڈھانپنا؟"٧؎

'چنوں' کا مشورہ اگرچہ 'رانو' پر قہر بن کر گر پڑا ہے مگر 'چنوں' کی ہمدردی سے نہ صرف 'رانو' سہاگن بن جاتی ہے بلکہ ان کے بچوں کو بھی باپ مل جاتا ہے۔ اس رسم سے پنجاب کے کوٹلے گاوں کی تہذیب کا دوسرا رخ سامنے آجاتا ہے جس میں انسانیت کی بقا بھی شامل ہے۔

ناول کا سب سے اہم اور مرکزی کردار 'رانو' ہے۔ جس کی وجہ سے بیدی نے پیجاب کے کوٹلے گاوں کی تہذیب و تمدن اور ثقافت کے تمام شیر و شکر کو عیاں کیا ہے۔ 'رانو' کا کردار مثبت و منفی دونوں سطحوں سے دکھایا گیا ہے۔ 'رانو' ناول میں ایک زوال پذیر معاشرے کی تہذیبی علامت نظر آتی ہے، جس پر ظلم و ستم کے جوار توڑے جاتے ہیں۔ ایک توروز 'منگل' کی مار پٹائی تو دوسری طرف ساس 'جنداں' کے زہر بھر جملے ہر روز سننے پڑتے ہیں۔ مگر 'رانو' کی معصومیت اور مظلومیت آخر کار اُسے دیوی سمان آشکار کرتی ہے۔ 'رانو' جہاں 'تلوکے' کی موت پر افسوس کرتی ہے وہیں اُس زوال پذیر معاشرے میں اپنی بیٹی 'بڑھی' کی فکر اسے کھائے جاتی ہے۔ 'تلوکا' کی موت اور چادر ڈالنے کی رسم کے وقت 'رانو' کے جذباتی الفاظ بیدی کے دل خراش قلم سے اس طرح صفحہ قرطاس پر بکھرے ہوئے نظر آتے ہیں۔:

"رانو کو لاکر جب چادر کے نیچے بٹھایا گیا تو اس نے ایک دلدوز چیخ ماری۔۔۔۔۔ مرنے والے! آ دیکھ کیا ہو رہا ہے تیری رانی کے ساتھ۔"[۸]

رانو کی یہ چیخ نہ صرف رانو کے برداشت کی حد تھی بلکہ ایک مجبور عورت کی حال زار کے ساتھ اس غریب معاشرے کی تہذیب کا عکس تھا جس میں عام عورت رسم و رواج اور تہذیب کی جکڑبندیوں میں گرفتار تھی۔ 'رانو' اس زوال پذیر تہذیب میں اپنی بیٹی 'بڑھی' کے لیے کیا کچھ نہیں سوچتی تھی۔ اس کے برعکس 'رانو' کی ساس 'جنداں' نے 'رانو' کی غیر موجودگی میں بڑھی کا سودا کرنا چاہا تا کہ 'بڑھی' کو بیچ کر کچھ روپے مل جائیں۔ اس منظر کی تصوری کشی بیدی کچھ اس طرح کرتے ہیں۔:

"ہزار روروپئے سے آتے آتے ساڑھے پانچ سو پر فیصلہ ہوا۔ اس کو جنداں کو سوچنے کا موقع دے کر اپنی تسلی تشفی کرتے ہوہے وہ لوگ چلے گئے۔ حرافہ نے موقع

بھی ایسا تلاش کیا تھا جب کہ رانو گاؤں کی دوسری عورتوں کے ساتھ کپاس چننے گئی تھی۔"۹

آگے بیدی لکھتے ہیں۔:

"رانو اُٹھ کر اندر گئی تو 'بڑھی' نے اپنی ٹھیٹھ زبان میں سب کہہ دیا۔ ساڑھے پانچ سو کی بات بھی سنادی۔۔۔۔ وہ دروازے کے پیچھے سے سب سنتی رہی۔"۱۰

پھر بیدی نے آگے لکھا ہے۔:

"آج کون آیا تھا یہاں ؟۔۔۔ کس کی ہمت پڑی یہ دہلیز پھاندنے کی ؟۔۔۔ میری بیٹی کا سودا کرنے کی ؟۔۔۔ جنداں ایک 'نا عورت' قسم کی مدافعت پر اتر آئی۔۔۔ نہیں رانیے وہ تو ایسے ہی بات کر رہے تھے۔ اب ہر کسی کا منہ تھوڑا پکڑا جا سکتا ہے۔"۱۱

'رانو' نے اپنی بیٹی کے لیے کیا کچھ نہیں سوچا تھا مگر آخر میں دیوی سمان رانو بھی اس زوال پذیر تہذیب میں مثبت سوچنے کی بجائے منفی سوچنے لگی۔ 'بڑھی' کا بیاہ کرنے کے لیے انھوں نے خود کو بیچنے کی سوچی ہے۔ اس واقعہ کے پس منظر میں بیدی نے 'رانو' کی نفسیات اُن کی ممتا اور سوچ دونوں سطحوں سے پرکھا جو اس معاشرے میں انحطاط پذیر تہذیب کا نقش آئینہ تمثال کر دیتا ہے۔ بیدی لکھتے ہیں۔:

"اور یہ بیٹی میری بک جائے گی۔۔۔۔ گھر میں کھانے کو کچھ نہیں۔ بیاہ ہو گا بھی تو کیسے۔۔۔ ایک لمحے کے لیے اُسے خیال آیا۔۔۔ آج مہربان داس چودھری ہوتا، ایک ہی رات میں بیٹی کا جہیز تیار کر لیتی اور پھر اسے اپنے سامنے طوطنیاں بجاتی، ناچتی، گاتی ہوئی بارات، سہرے باندھے ہوئے لڑکے کے حوالے کر دیتی اور جب ڈولی اُٹھتی تو دور کھڑی دیکھتی، روتی، دیکھتی۔۔۔۔ لیکن کبھی نہ کہتی۔۔۔ بیٹی تیرے سہاگ کے لیے رات ایک ماں نے اپنا سہاگ لُٹا دیا۔ آخر بیچنا ہی ہے تو ایک ہی بار ساڑھے پانچ سو میں

کیوں، کیوں نہ میں اسے شہر لے کر نکل جاوں اور تھوڑا تھوڑا کر کے بیچوں۔"۱۲؎

ان اقتباسات سے صاف ظاہر ہو جاتا ہے کہ معاشی بد حالی اور افلاس کے دور میں تہذیب کی شائستگی خود بہ خود دم توڑ دیتی ہے اور معاشرے میں تہذیب کی رعنائیاں، سوچ اور احساس بھی دم توڑ دیتا ہے۔ گویا اس ماحول میں کوٹلے گئوں کے لوگوں میں جو تہذیبی زوال آچکا تھا اس کی نوعیت ان کی سمجھ کے ساتھ ساتھ ان کی اخلاقی اور روحانی زوال کو نمایاں کر دیتی ہے۔

ناول کا ایک اور کردار 'باوا ہری داس' ہے۔ 'باوا ہری داس' ایک ڈھونگی بابا تھا جو عورتوں کو ٹوٹکا وغیرہ دیا کرتا تھا چوں کہ کوٹلے گائوں کی عورتوں کو اس پر یقین تھا لیکن 'باواہری داس' عیاش اور ریاکار ڈھونگی تھا۔ اس سے متعلق بیدی نے لکھا ہے۔:

"جس کے بارے میں مشہور تھا کہ اس نے لوہے کا لنگوٹ پہن رکھا ہے اب تک نہیں جانتا عورت کیا چیز ہے؟ حالاں کہ چوبیس گھنٹے آٹھوں پہر اس کے گرد عورتوں ہی کا جمگھٹا رہتا تھا۔ کوئی بیٹا مانگتی، کوئی اٹھار کی دوا۔۔۔ اکثر تو اپنے مردوں کو بس میں کرنے کے ٹوٹکے ہی پوچھنے آتیں۔"۱۳؎

اس اقتباس سے نہ صرف 'باوا ہری داس' کا اصلی چہرہ نظر آتا ہے بلکہ اُس معاشرے میں عورتوں کی ذہنیت اور اندھی تقلید، جو کہ مذہب میں ٹھیک نہیں ہے، سب عیاں ہوتا ہے۔ بیدی نے 'باواہری داس' کے کردار میں جس تلخ حقیقت کو بیان کیا ہے وہ مثالی ہے۔ چوں کہ ہندوستان کی تہذیب و تمدن میں آج بھی یہ روایت نظر آتی ہے اور اس رسم کو زیادہ تر وہی عورتیں زندہ رکھی ہوئی ہیں جو یا تو مذہب سے بے گانہ ہیں یا دیہی علاقوں میں علم کی فراوانی سے بے خبر ہیں۔ 'باواہری داس' کی عیاری اور عیاشی کے ساتھ ساتھ بیدی نے مذہبی ٹھیکداروں میں 'چودھری مہربان داس' اور ان کے بھائی 'گھنشیام'

کا کردار تخلیق کیا۔ ان دونوں بھائیوں نے دیوی کے مندر کے سامنے دھرم شالہ بنائی تھی۔ دیوی کے درشن کے لیے مختلف علاقوں کے جاتری آیا کرتے تھے۔ زیادہ تر جاتریوں کے رکنے کی جگہ یہی دھرم شالے تھے۔ لیکن یہ مذہبی ٹھیکدار 'چودھری مہربان داس' اور ان کا بھائی 'گھنشیام' ان جاتریوں کو اپنی ہوس کا شکار بنا دیتے تھے۔ بیدی نے لکھا ہے۔:

"تلوکا نے آج جس جاترن کو مہربان داس چودھری کی دھرم شالہ میں چھوڑا، وہ مشکل سے بارہ تیرہ برس کی ہوگی۔ دیوی کے پاس تو اپنے آپ کو بچانے کے لیے ترشول تھا جس سے اس نے بھیروں کا سر کاٹ کے الگ کر دیا تھا۔ لیکن اس معصوم جاترن کے پاس صرف دو پیارے پیارے گلابی ہاتھ تھے جنھیں وہ بھیروں کے سامنے جوڑ سکتی تھی۔"۱۴

اس اقتباس سے سماج میں مذہبی عقائد جہاں کھل کے سامنے آتے ہیں وہیں مذہب کی بچی کھچی صورتحال بھی عیاں ہو جاتی ہے۔ گویا اس سماج میں عورتوں کو جہاں مذہب کا عقیدت مند دکھایا گیا ہے وہی مذہب کے ٹھیکداروں کا اصل رخ بھی پیش کیا گیا۔ وہ مذہبی ہوتے ہوئے بھی غیر مذہبی نظر آتے ہیں۔ جو اس سماج کی تہذیب کا پردہ چاک کر کے قاری کے ذہن پر منفی اثرات چھوڑ جاتے ہیں۔

ناول کے دو اہم کردار 'تلوکا' اور 'منگل' ہیں۔ جو اس سماج میں تہذیب کے دو اہم طبقوں کی نمائندگی کرتے ہیں۔ 'تلوکا' کا کردار جہاں معاشی صورتحال کو سدھارنے کے لیے دکھایا گیا، وہیں وہ اس طبقے کا نمائندہ بھی نظر آتا ہے جو زیادہ تر شراب خوری کرتا ہے۔ اس کے برعکس 'منگل' کا کردار نوجوان طبقے کا عکاس ہے جو خالی عیاشی اور لڑکیوں کو ستانے اور دن بھر گھومنے پھرنے کے علاوہ کچھ کام نہیں کرتے ہیں۔ چناں چہ دونوں کردار ایک ہی تہذیب کے عکاس ہیں جس سے اس ماحول اور سماج کا اخلاقی اور روحانی عقائد کے ساتھ ساتھ ان کے گذر اوقات نظر آتے ہیں۔ جو کہ پنجاب کے کوٹلے گائوں

کی زوال پذیر تہذیب کا نقشہ اُبھار دیتے ہیں۔

اس ناول میں بیدی نے پیجابی الفاظ، پنجابی محاورے، پنجابی دیہی لوک گیت، ان کی کھانے پینے کی چیزیں، پرندوں کے نام، کرداروں کی بات چیت اور اُن کے لڑنے جھگڑنے کے علاوہ ہنسی مذاق وغیرہ جو کہ پنجاب کی دیہی زندگی کا جیتا جاگتا نقش پیش کرتا ہے۔ اس ناول میں بدرجہ اتم موجود نظر آتا ہے۔ کچھ الفاظ اس طرح ہیں: ٹپڑی واسوں (خانہ بدوش)، انھیے (اندھی)، کامے (کارندے)، اڑیا (ارے) وغیرہ۔ اسی طرح محاوروں میں اویے پاپیا، اویے بے شرما، سنار کی بالیاں، ٹھٹھیار کی تھالیاں، چراغ کے چوزے وغیرہ۔ اسی طرح کھانوں میں موٹی مکی کی روٹی، بنڈی، بینگن، توری، ساگ وغیرہ۔ پرندوں میں گلنج (چیل) وغیرہ۔ اس طرح پنجاب کے دیہی لوک گیت جو شادی بیاہ وغیرہ پر گائے جاتے ہیں، اس کے علاوہ وارث شاہ اور بُلے شاہ کا کلام بھی گایا جاتا ہے جس سے پنجاب کے کوٹلے گاوں کی تہذیب تمام تر رعنائیوں کے ساتھ جلوہ گر نظر آتی ہے اور ایسا محسوس ہوتا ہے کہ پورے ناول میں پنجاب کی سوندھی سوندھی مٹی کی خوشبو، اُن کے عادات و خصائل، اُن کے نظریات اور اعتقادات اور اُن کے رسم و رواج کے علاوہ دیہات اور کھلیان اُس علاقے کی تہذیبی روح کو پیش کرتا ہے۔ گویا یہ ناول نہ صرف کوٹلے گائوں کی تہذیب و تمدن کی عکاسی کرتا ہے بلکہ ایک علامت بن کر پورے پنجاب کے دیہی علاقوں کی تہذیب و تمدن اور ثقافت کو منعکس کر دیتی ہے۔ اس کے علاوہ اس ناول کے دوسرے کرداروں سے بھی پنجاب کے رسم و رواج تہذیب کا منظر نامہ عیاں ہو جاتا ہے۔

بہر کیف پورے ناول میں کوٹلے گاوں کی جس تہذیب کو دکھایا گیاہے۔ اس میں ہمدردی اور محبت بھی ہے۔ اس میں وہاں کے رسم و رواج بھی ہیں، اُن کے اچھے اور بُرے

اخلاق اور عادات بھی ہیں۔ اس میں شکست خوردہ تہذیبی عناصر بھی ہیں جو افسردہ تہذیبی مناظر میں زندگی کی لہریں دوڑاتا ہے۔ گویا کہ پنجاب کے کوٹلے گائوں کا ماحول اور سماج کا منظر نامہ پیش کیا گیا ہے۔ جو کہ پنجابی رسم ورواج میں پروان چڑھ گیا تھا۔ جس میں پنجاب کی دیہی زندگی دھڑکتی سانس لیتی معلوم ہوتی ہے اور اُس مٹی کی سوندھی سوندھی خوشبو اُس تہذیب کا نگار خانہ نظر آتا ہے۔

حوالہ جات:

۱۔ بیدی نامہ، شمس الحق عثمانی، ص ۳۴۴

۲۔ ایک چادر میلی سی کا سماجی و تہذیبی مطالعہ، علی احمد فاطمی، فکر و تحقیق، شمارہ ۳، ۲۰۱۵ء

۳۔ ایک چادر میلی سی، راجندر سنگھ بیدی، مکتبہ جامعہ لمیٹڈ، اکتوبر ۱۹۸۳ء، ص ۳۰

۴۔ ایضاً، ص ۱۴ // ۵۔ ایضاً، ص ۲۷ // ۶۔ ایضاً، ص ۳۸

۷۔ ایضاً، ص ۸ // ۸۔ ایضاً، ص ۶۰ // ۹۔ ایضاً، ص ۴۵

۱۰۔ ایضاً، ص ۴۵ // ۱۱۔ ایضاً، ص ۴۵ // ۱۲۔ ایضاً، ص ۴۷

۱۳۔ ایضاً، ص ۷ // ۱۴۔ ایضاً، ص ۸

***

راجندر سنگھ بیدی کی افسانہ نگاری: "ایک باپ بکاؤ ہے" کی روشنی میں

ڈاکٹر نورینہ پروین

اردو افسانہ نگاری میں راجندر سنگھ بیدی نے جس سنجیدگی اور متانت کا مظاہرہ کیا ہے وہ غور و فکر کا متقاضی ہے کیونکہ وہ جس طرز و انداز سے چھوٹے چھوٹے مسائل کو واقعہ کی شکل میں پیش کرتے ہیں وہ انھیں کی قدو کاوش کا نتیجہ ہے۔اس ضمن میں وقار عظیم نے بڑی جامع اور بلیغ بات لکھی ہے؛

"بیدی کے افسانوں کی تعمیر اور تشکیل کئی چیزوں سے ملکر ہوئی ہے، گہری جذباتیت ،رنگین تخیل، کرداروں کا تخیل اور ان کے عمل کا نفسیاتی تجزیہ، ان کے کرداروں کے پس منظر میں سچی زندگی، یہی اس کے موضوع اور عناصر ہے۔"ا۔

بیدی نے اردو افسانے کو جس فکر و نظر سے آشنا کیا ہے وہ قابلِ ستائش اور ہر دور کا ایک اہم مسئلہ رہاہے۔ یہاں میرا مقصود بیدی کے افسانے 'ایک باپ بکاؤ ہے' کی روشنی میں انکی فنِ افسانہ نگاری سے بحث کرنا ہے۔ اگرچہ بیدی کے افسانے نستعلیق قسم کے ہوتے ہیں، لیکن اکثر ان افسانوں میں ایک غیر نستعلیق قسم کا واقعہ بیان کیا گیا ہوتا ہے۔اس کے باوجود بیدی کا کمال یہ ہے کہ وہ جس موضوع کا بھی انتخاب کرتے ہیں اس پر ذہن چند لمحے کے لئے سوچنے کو مجبور ہو جاتا ہے۔اس افسانے میں ایک باپ جو

اپنے بیٹے سے بے پناہ محبت کرتا ہے اور بچپن سے لے کر جوانی کی منزل میں قدم رکھنے تک ہر ٹھوکروں سے محفوظ رکھتا ہے وہی باپ بڑھاپے کو پہنچ کر بیٹوں کے لئے مصیبت بن جاتا ہے اس عمر میں جبکہ اعصاب جواب دینے لگتے ہیں اور بیماری و کمزوری اسے ہر طرح نڈھال کر دیتے ہیں ایسے میں اولاد بھی کنارہ کشی اختیار کر لیتی ہے۔ گویا زندگی بھر کے ایثار و قربانی کا یہ سلہ اسے عمر کے آخری پڑاؤ میں حاصل ہوتا ہے والدین کی بے لوث وغرض محبت و شفقت بیدی کی زبانی ملاحظہ ہو:

"اولاد ہمیشہ یہی چاہتی ہے کہ اسکا باپ وہی کرے جس سے وہ، اولاد خوش ہو۔ باپ کی خوشی کس بات میں ہے، اس کی کوئی بات ہی نہیں اور ہمیشہ ناخوش رہنے کے لئے اپنے تئیں کوئی سا بھی بہانہ تراش لیتے ہیں۔"۲؎

وہی باپ جو بیٹے کی خوشی کے لئے کوئی بھی قربانی دینے سے دریغ نہیں کرتا کیونکہ اسکی ہر خوشی اولاد کی خوشی میں مضمر ہوتی ہے وہی اولاد جوانی کو پہنچ کر اپنی ازدواجی زندگی میں مشغول ہو کر باپ سے بیزاری محسوس کرنے لگتی ہے۔ افسانہ نگار نے بڑی ہی خوبصورتی سے موجودہ اوقات میں ٹوٹتے ہوئے کنبے اور بکھرتے ہوئے اجتماعی خاندان کی زبوحالی کے پسِ پشت مٹتی ہوئی قدر و منزلت کی جانب توجہ مبذول کرائی ہے۔

بیدی نے اس افسانے میں گاندھرو داس کی اولاد سے بیزاری میں اجتماعی زندگی پر انفرادی زندگی کی فوقیت پر باریکی سے روشنی ڈالا ہے۔ جو نہ صرف ہندوستان کا مسئلہ ہے بلکہ عالمی پیمانے پر بزرگوں کے ساتھ ہونے والے ناروا سلوک کا پردہ چاک کرتا ہے، جس کے باعث آج بزرگوں کے لئے حکومت کی جانب سے رہائش گاہ (Old-age Home) کا انتظام کیا جا رہا ہے۔ جہاں ایسے سبھی بزرگ اپنے درد و تکلیف کو سینے میں دبائے زندگی کا بوجھ اٹھائے جینے کو مجبور ہیں۔ جن کا اپنا کوئی پرسانِ حال نہیں اور وہ

دوسروں کے رحم و کرم اور دل بہلاوے کے لئے ہر راہ چلنے والوں سے دو چار لمحے بات کرنے کو منتظر رہتے ہیں لیکن:

"ـــــوہ نا جانتا تھا کہ آج ہندوستان تو کیا، دنیا بھر میں کنبے کا تصوّر ٹوٹتا جا رہا ہے۔ بڑوں کا ادب ایک فیوڈل بات ہوکر رہ گئی ہے۔ اس لئے سب بڈھے کسی ہائیڈ پارک میں بیٹھے، امتدادِ زمانہ کی سردی سے ٹھٹھرتے ہوئے، ہر آنے جانے والے کو شکار کرتے ہیں، کہ شائد کوئی ان سے بات کرے۔ـــــ"۳۔

بیدی نے اس افسانے کے سہارے اولاد کی بے اعتنائی اور بکھرتے ہوئے اجتماعی نظام پر قراری چوٹ کی ہے۔ کیونکہ عالمگیریت(Globalization) کے اس دور میں انسان اور انسانیت کی جس قدر ناقدری کی جارہی ہے اسکے نتائجِ بد ہمارے سامنے عیاں ہیں۔ ظاہری چمک دمک نے انسانی نظر کو ایسا خیرہ کر دیا ہے کہ کھرے کھوٹے میں فرق کرنا مشکل ہو گیا ہے۔

اس افسانے میں ایک اہم اور غور طلب مسئلہ عورت کا ہے گاندھرو داس کی بیوی دمینتی اپنے شوہر سے کوئی تعلق نہیں رکھتی اور نہ خود ہی گاندھرو داس ازدواجی زندگی کے فرائض پورا کرتا ہے لیکن اسکے مرنے کے بعد گاندھرو داس بیوی کی ساری زیادتیاں بھول جاتا ہے اور اس پر کئے ہوئے اپنے ظلم و ستم کو یاد کر کے سہم اٹھتا ہے اور خواب میں خود کو دوسری عورت کے ہمراہ محسوس کر کے اپنی بیوی میں اٹھنے والے حاسدانہ جذبات سے کانپ جاتا ہے۔

بیدی نے عورت کے حاسدانہ اور رقابت سے لبریز جذبات کی تصویر کشی میں بڑے کمال کا مظاہرہ کیا ہے کہ عورت اپنے شوہر سے لاکھ نفرت کرے اسکی ہر عادات و سکنات کو لاکھ ناپسند کرے لیکن جیتے جی کیا مرنے کے بعد بھی اپنے شوہر کے ہمراہ کسی

دوسری عورت کو برداشت نہیں کر سکتی۔ بیدی نے اپنے افسانوں میں جس طرح عورت کی نفسیات پر روشنی ڈالی ہے وہ ان کے باریک مشاہدے اور غور و فکر پر لاشعوری طور پر حاوی نظر آتے ہیں۔

بیدی ماہرِ نفسیات تو نہیں لیکن نفسیات پر بڑی باریک اور حتمی نظر رکھتے ہیں اور اپنے کمالِ فن سے قارئین کی توجہ مبذول کراتے ہیں۔

دوسری جانب کاویانی جو گاندھرو داس کی شاگردہ ہے جسے اس نے سنگیت کی انتہائی منزل پر پہچانے کے لئے دن رات ایک کر دیا اور ان دونوں کی عمر میں اس قدر تفاوت تھا گویا باپ اور بیٹی۔ مگر دونوں کے درمیان ایسی ہیجانی کیفیت رونماں ہو گئی تھی جو انکی اپنی سمجھ سے بھی بعید تھا لیکن اسکی اہم وجہ یہ تھی کہ دیویانی جو کہ بہت ہی کم عمر میں اپنے والدین کے ازدواجی تعلقات سے آشنا ہو گئی تھی جو اس کے ذہن پر لاشعوری طور پر حاوی رہتے ہیں۔ بقول افسانہ نگار:

"اس نے اپنے ماں باپ کو کچھ اس عالم میں دیکھ لیا، جبکہ وہ نوخیزی سے جوانی کے عمر میں قدم رکھ رہی تھی۔ پر وہ ہمیشہ کے لئے آپ ہی اپنی ماں ہو گئی۔ باپ کے مرنے کے بعد وہ گھبرا کر ایک مرد سے دوسرے، دوسرے سے تیسرے کے پاس جانے لگی۔ اس کا بدن ٹوٹ ٹوٹ جاتا تھا، مگر روح تھی کہ تھکتی ہی نہ تھی۔"[۴]

افسانے کی مذکورہ سطروں میں نفسیات کی اس گتھی کو آشکارا کیا گیا ہے جسے فرائڈ نے لاشعور کا نام دیا ہے کیونکہ فرائڈ کے مطابق لاشعور انسانی نفس کا وہ حصّہ ہے جو بچپن سے بچّے میں جمع ہوتا رہتا ہے اور بالیدگی و پختگی کی منزل میں پہنچ کر یہی ماضی کے واقعات اتنی شدت سے ذہن پر قابض ہونے لگتے ہیں جس سے وہ چاہ کر بھی پیچھا نہیں چھڑا سکتے۔ یہاں بیدی نے انسانی اقدار اور کشمکش کی جیسی تصویر پیش کر دی ہے وہ انکی گہری

نظر اور فنکارانہ کمالات کا ضامن ہے۔ جو بیدی کو افسانہ نگار کے اس صف میں لا کھڑا کرتے ہیں۔ جس میں نہ صرف واقعہ کو بلکہ نقطۂ نظر کی ترسیل کو بخوبی انجام دینے کی صلاحیت مضمر نظر آتی ہے۔

یہاں نفسیات کے ضمن میں ایک اہم سوال ذہن میں ابھرتا ہے کہ آیا یہ لاشعور ہے کیا؟ آخر یہ مسئلہ کیوں در پیش آتا ہے؟ جہاں تک میں نے سمجھنے کی کوشش کی ہے اسے ہی قرآن نے نفسِ عمّارہ کا نام دیا ہے جو بے لگام گھوڑے کی مانند ہر وہ کام کرنے پر انسان کو مجبور کر دیتا ہے جو تہذیب اور شائستگی کے خلاف ہے۔ جسے کرنے کے بعد انسان میں تصادم کی کیفیت رونما ہو جاتی ہے اور احساسِ ندامت اسے اندر ہی اندر کھوکھلا کر کے رکھ دیتے ہیں۔ لیکن اسی کام کو بار بار کرنے سے انسان میں شرم و حیا کے جذبات مٹ کر رہ جاتے ہیں تو پھر کسی بھی عمر یا رشتے کا کوئی پاس و لحاظ بر قرار رکھنا ناممکن ہو جاتا ہے اور صورتِ حال دیویانی جیسی ہو کر رہ جاتی ہے۔ دوسری بات یہ کہ ازدواجی زندگی یا اس قسم کی باتوں سے کم عمر یا نابالغ بچّوں کو دور رکھنا اخلاقی اعتبار سے بیحد ضروری معلوم ہوتا ہے۔ انھیں رشتوں کی نزاکت کا فرق بخوبی سمجھانا چاہئے اور انکی تربیت میں کسی قسم کا دقیقہ باقی نہیں رکھنا چاہئے، کیونکہ بچے کی تربیت جس طرز اور نہج پر کی جائیگی بڑے ہونے پر ان میں وہی حرکات و سکنات رونماں ہوں گے۔ لہٰذا والدین سے ہونے والی کوتاہیوں اور ان کے نتیجے میں ابھرنے والے تمام طرح کے مسائل کو مدّ ِنظر رکھتے ہوئے عالمی اقوامِ متحدہ نے بالغ لڑکے لڑکیوں کے لئے جنسی تعلیم کو ضروری قرار دیا۔ اس سلسلے میں خود ہمارے ملک ہندوستان میں بھی ۲۰۰۵ء سے NCERT کے تحت جنسی تعلیم کو متعارف کرانے کی باقاعدہ کوشش کی گئ، لیکن کچھ صوبوں کے علاوہ باقی جگہوں پر یہ اقدام کارگر نہ ہو سکا۔

بیدی نے اپنے افسانے میں اس مسئلے کو جس احتجاجی انداز سے اٹھایا ہے اس کی سنجیدگی کا احساس بخوبی ہوتا ہے، کیونکہ وہ ایک ایسے واقعہ کو افسانے کا جامہ پہناتے ہیں جو نہ صرف بیدی کے دور کا بلکہ آج کے دور کا سب سے بڑا المیہ ہے جس میں بزرگوں کی عظمت و تقدّس کو گہری چوٹ پہنچی ہے وہی بزرگ جو بچّوں اور نوجوان نسل کے لئے قابلِ احترام اور شفقت کا مجسّمہ ہوتے ہیں ان کی ہی تذلیل کرنے میں کوئی دقیقہ باقی نہیں رکھا گیا ہے۔ آج کے اس برق رفتار اور سائنس و ٹکنالوجی کے دور میں ختم ہوتی ہوئی انسانیت اور پامال ہوتی ہوئی قدروں کے بیچ انسان کٹھ پتلی بن کر رہ گیا ہے۔ بیدی نے اپنے اس ایک جملے میں بڑی معنی خیز بات کہہ دی ہے:

"تم انسان کو سمجھنے کی کوشش نہ کرو، صرف محسوس کرو۔"۵؎

بیدی کے اس ایک جملے میں گہری بصیرت اور معنویت پوشیدہ ہے۔ اس طرح بیدی نے رشتوں کی نزاکت اور نفسیات کی الجھی پہیلیوں کو 'ایک باپ بکاؤ ہے' کے ذریعہ پیش کر دیا ہے۔ بیدی کے افسانوی میں گہرائی و گیرائی پر وارث علوی کی تفصیلی وضاحت پیش ہے:

"راجندر سنگھ بیدی تخیّل کی آنکھ سے ظواہر کے پیچھے پنہاں ان المیوں اور طربیوں، آرزوئں اور محرومیوں کا سراغ لگاتے ہیں جن کی تفہیم کے بغیر نہ تو ہم زندگی کو سمجھ سکتے ہیں، نہ انسان کو۔ بیدی کی فنکارانہ بصیرت بہت گراں مایہ ہے، شبنم کے اس قطرے کی مانند جو زندگی کی اندھیری رات میں آنسو کی طرح ٹپکتا ہے اور جسے فکر کی پہلی کرن موتی کی مانند چمکاتی ہے۔"٦؎

حواشی :

۱؎ صفحہ: ۱۱۰-۱۱۱، بیدی ایک جائزہ: مرتّبہ: شہناز نبی

۲ ـ صفحہ: ۸۵۹، کلیاتِ راجندر سنگھ بیدی (جلد اوّل) مرتّب: وارث علوی

۳ ـ صفحہ: ۸۵۸، کلیاتِ راجندر سنگھ بیدی (جلد اوّل) مرتّب: وارث علوی

۴ ـ صفحہ: ۸۶۵، کلیاتِ راجندر سنگھ بیدی (جلد اوّل) مرتّب: وارث علوی

۵ ـ صفحہ: ۸۶۵، کلیاتِ راجندر سنگھ بیدی (جلد اوّل) مرتّب: وارث علوی

۶ ـ صفحہ: ۱۶، کلیاتِ راجندر سنگھ بیدی (جلد اوّل) مرتّب: وارث علوی

٭٭٭

راجندر سنگھ بیدی کا شاہکار افسانہ لاجونتی:

ایک تجزیاتی مطالعہ

گلشن جہاں

افسانہ اردو نثر کی سب سے مقبول ترین صنف ہے جس کو انگریزی زبان میں Short story کہا جاتا ہے۔ افسانے سے مراد ایسی نثری کہانی سے ہے، جس میں کسی شخص کی زندگی کا ایک اہم اور دلچسپ پہلو پیش کیا جائے، جس میں ابتداء، ارتقاء اور خاتمہ ہو۔ لیکن افسانے کا فن اتنا آسان نہیں ہے کچھ معیارات ہیں جو افسانے کی کامیابی کی راہ ہموار کرتے ہیں، افسانہ مختصر لیکن جامع اور مربوط پلاٹ کے تحت تخلیق کیا جانا چاہیے۔

یوں تو اردو افسانہ نگاری کا آغاز نصف انیسوی صدی سے ہو چکا تھا لیکن اس کی باقاعدہ اور معیاری بنیاد پریم چند نے رکھی۔ پریم چند نے اردو افسانے کو مستحکم بنیاد عطا کی۔ پریم چند کے بعد اردو افسانہ نگاری کی تاریخ میں کرشن چندر، راجندر سنگھ بیدی، سعادت حسن منٹو اور عصمت چغتائی یہ چاروں ایسے معتبر افسانہ نگار ہیں، جنہوں نے فن افسانہ نگاری کو عروج عطا کیا اور اردو افسانہ نگاری میں موضوع کی وسعتیں پیدا کیں۔ ان میں راجندر سنگھ بیدی امتیازی شخصیت کے مالک ہیں۔ بیدی خارجی احوال سے زیادہ باطن کی واردات کے فنکار ہیں۔ راجندر سنگھ بیدی کے کردار زندگی کی پیچیدگیوں، نامحرومیوں کی جیتی جاگتی تصویر نظر آتے ہیں۔

اردو افسانے کی روایت میں ایک نمایاں نام راجندر سنگھ بیدی کا ہے۔ بیدی ۱۹۱۵ء کو سیالکوٹ پاکستان میں پیدا ہوئے۔ ان کی والدہ سیوا دیوی ہندو برہمن تھیں اور والد ہیرا سنگھ ذات کے کھتری تھے۔ یہ خاندان وید کو اپنا گرنتھ ماننے کے باعث بیدی کہلاتا ہے۔ راجندر سنگھ بیدی کی ادبی زندگی کا آغاز ۱۹۳۲ میں ہوا ابتداء میں انہوں نے محسن لاہوری کے نام سے افسانے لکھے جو مقامی اخبارات، کالج میگزین میں شائع ہوئے۔ ان کے افسانوی مجموعوں میں باسٹھ افسانے، سات مضامین اور خاکے شامل ہیں۔ سات مضامین اور سات خاکے ایسے بھی ہیں جو کسی کتاب میں شامل نہیں ہیں۔ ان کا پہلا افسانوی مجموعہ دانہ و دام ۱۹۴۰ میں منظر عام پر آیا۔ اس کے بعد گرہن ۱۹۴۳، کوکھ جلی ۱۹۴۹، اپنے دکھ مجھے دے دو، ہاتھ ہمارے قلم ہوئے، مکتی بودھ جیسے افسانوی مجموعے منظر عام پر آئے، ان تمام افسانوں میں بیدی کا انفرادی رنگ نمایاں ہے، ان کے فن پاروں میں متوسط طبقے کے متنوع کرداروں، ان کے رنگارنگ ماحول اور زندگی کے اتار چڑھاؤ سے ایک جہان معنی خلق ہوا ہے۔ ۱۹۸۴ کو یہ عظیم فنکار ممبئ ہندوستان میں اس دار فانی سے کوچ کر گیا۔

راجندر سنگھ بیدی نے زندگی کی محرومیاں، اتار چڑھاؤ، پنجاب کے بدحال لوگوں کی پیتا۔ نیم تعلیم یافتہ خاندانوں کی رسمیں، رواداریاں، پرانی دنیا نئے خیالات کی آمیزش، معاشرے میں رائج روایات کے بندھنوں کو بہت قریب سے دیکھا تھا اور ان تمام کے نتائج سے بھی بخوبی واقف تھے۔ اسی لئے بیدی کے افسانوں میں انسانی زندگی کی تلخیوں اور کرب کو محسوس کیا جاسکتا ہے۔ بیدی کے افسانوں میں متوسط طبقے کی ہندوستانی عورت کے کردار اور مزاج کی جو تصویر کشی ملتی ہیاس کو ان کے افسانہ نگاری کا نقطہ عروج کہا جاتا ہے۔ راجندر سنگھ بیدی نے زندگی کے اہم تجربات کو اپنی کہانیوں کا موضوع بنایا اور انسانی

جزبات و احساسات، نفسیات کی گرہیں بہت چابکدستی سے کھولی ہیں۔ ان کا محور جنس و غم ہے لیکن بیدی کے یہاں غم کے اظہار کی صرف ایک صورت ہی نظر نہیں آتی بلکہ ہر کہانی میں نت نئی صورت نظر آتی ہے۔

راجندر سنگھ بیدی کا شاہکار افسانہ لاجونتی ان کے بہترین افسانوی مجموعے اپنے دکھ مجھے دے دو میں شامل پہلا افسانہ ہے۔ لاجونتی کا پس منظر تقسیم ہند کے بعد کے حالات ہیں۔ راجندر سنگھ بیدی نے اس افسانے میں ہند و پاک کے بٹوارے کے بعد انسانی زندگیوں میں آئے سیلاب کو قلمبند کیا ہے کہ کس طرح ملک کی تقسیم کے بعد بڑے پیمانے پر ہجرت کا عمل شروع ہو گیا جس کی وجہ سے دونوں ممالک کو مختلف مسائل سے دو چار ہونا پڑا۔ افسانہ لاجونتی ان مغویہ عورتوں کے درد و کرب کی روداد بیان کرتا ہے جو بد قسمتی سے تقسیم کے بعد اپنے شوہر و خاندان سے جدا ہو کر سرحد کے اس پار پہنچ گئیں تھیں۔ ان مغویہ عورتوں میں سندر لال کی بیوی لاجونتی بھی تھی جو سندر سے دور سرحد کے اس پار چلی گئی تھی۔ سندر لال اور لاجونتی کی جدائی کے بعد سندر کو لاجو پر کئے گئے ظلم یاد آنے لگے تھے اور اس کو اپنی غلطیوں کا احساس تھا۔ اس کا دل لاجو کے بارے میں سوچ کر مضطرب ہو جاتا تھا کہ لاجونتی اس کا ہر ستم خنداں پیشانی کے ساتھ سہتی تھی، اب لاجو کہاں ہو گی، جانے کس حال میں ہو گی 'ہماری بابت کیا سوچ رہی ہو گی 'وہ کبھی آئے گی بھی کہ نہیں۔ اب تو سندر لال کی لاجونتی کے واپس آنے کی امید بھی ٹوٹ چکی تھی اور اس نے لاجونتی کے بارے میں سوچنا ہی چھوڑ دیا تھا۔ سندر لال کا غم اب دنیا کا غم بن چکا تھا۔ اس نے اپنے دکھ سے بچنے کے لئے خود کو لوک سیوا میں غرق کر دیا تھا اور مغویہ عورتوں کے سلسلے میں چلائے جا رہے پروگرام "دل مین بساؤ" کا سکرٹیری چن لیا گیا تھا۔ اس پروگرام کے تحت ہند اور پاکستان کے درمیان اغواشدہ عورتوں کا تبادلہ کیا جاتا

اور اجڑے ہوئے گھروں کو بسانے کی مہم چلائی جا رہی تھی۔

بالآخر ایک دن اچانک لال چند نے سندر لال کو بدھائی دی کہ میں نے لاجو بھابھی کو دیکھا ہے یہ سن کر سندر لال کے ہاتھوں سے چلم گر گئی۔ سندر لال نے بہت حیرانی سے پوچھا کہاں دیکھا ہے؟ لال چند نے اطلاع دی کہ "واگہ کی سرحد پر"۔ سندر لال کا دل بے چین ہو اٹھا اور وہ سرحد جانے کی تیاری کرنے لگا کہ اسے لاجو کہ آنے کی خبر ملی، وہ گیا اور اسے اپنے ساتھ گھر لے آیا۔ لیکن اب سب کچھ تبدیل ہو چکا تھا۔ جب سے لاجو اغوا کے بعد واپس ہوئی تھی تب سے سندر لال کا رویہ، لاجو کے ساتھ سلوک پہلے کے جیسا بالکل نہ رہا تھا بلکہ وہ لاجو کے ساتھ بہت اچھے سے پیش آتا تھا اور اپنی لاجو کو دیوی کہہ کر پکارتا تھا۔ لاجونتی اپنے شوہر کے اس بدلے ہوئے رویےؔ کو دیکھ کر حیران و پریشان رہنے لگی تھی۔ لاجونتی اپنی ساری روئداد بیان کر کے اپنے دل کے بوجھ کو ہلکا کرنا چاہتی تھی لیکن سندر لال کچھ سننے کو تیار نہ تھا وہ ہمیشہ لاجو کو ٹال دیا کرتا تھا کہ "چھوڑ دیتی باتوں میں کیا رکھا ہے۔" سندر لال نے اب اپنی بیوی لاجو کو مارنا پیٹنا بھی چھوڑ دیا تھا۔ لیکن لاجونتی کو اپنا پہلے جیسا شوہر چاہیئے تھا، وہ دنیا کے لئے خوش تھی، لیکن اس کی روح بہت دکھی تھی۔ جوں جوں وقت گزرتا جا رہا تھا سندر لال اور لاجونتی کے درمیان فاصلے بڑھنے لگے اور دونوں شک میں مبتلا رہنے لگے۔ لاجونتی دل ہی دل میں یہ سوچ کر گھٹتی رہتی کہ اب وہ اپنے شوہر کے لئے لاجو نہیں بن سکتی، اغوا کے بعد واپسی سے وہ دیوی بن چکی ہے۔ راجندر سنگھ بیدیؔ نے زیر نظر افسانہ میں تقسیم ہند کے بعد درپیش آنے والے مسائل کو قلمبند کرنے کے ساتھ ساتھ انسانی نفسیات کی گرہیں بھی بڑی چابکدستی سے کھولیں ہیں۔ مثال کے طور پر افسانے کا ایک اقتباس مندرجہ ذیل ہے:،

"اور لاجونتی کی من کی من میں ہی رہی۔ وہ کہہ نہ سکی ساری بات چپکی دبکی پری

رہی اور اپنے بدن کی طرف دیکھتی رہی جو کہ بٹوارے کے بعد اب 'دیوی' کا بدن ہو چکا تھا۔ لاجونتی کا نہ تھا۔ وہ خوش تھی بہت خوش۔ لیکن ایک ایسی خوشی میں سرشار جس میں ایک شک تھا اور وسوسے۔ وہ لیٹی لیٹی اچانک بیٹھ جاتی جیسے انتہائی خوشی کے لمحوں مین کوئی آہٹ پا کر ایکا ایکی اس کی طرف متوجہ ہو جائے۔۔۔۔۔۔۔"

راجندر سنگھ بیدی کی لاجونتی قاری کے دل و دماغ پر بہت گہرا اثر کرتی ہے۔ لاجونتی کا کردار ایک زندہ کردار ہے جو انسانی زندگی کے پیچیدہ پہلوؤں کو منفرد انداز میں اجاگر کرتی ہے۔ راجندر سنگھ بیدی نے اس کہانی میں بھی اشارے و کنایے سے کام لیا ہے، ملک کی تقسیم سے پیش آنے والے مسائل کو انفرادی اسلوب میں بیان کیا ہے تو دوسری طرف ہمارے معاشرے میں عورت کے ساتھ ہونے والی ناانصافیوں سے بھی پردہ اٹھایا ہے۔ افسانہ لاجونتی ان تمام مغویہ عورتوں کے درد، غم و الم۔ کسک، خلش کو سیدھا قاری کے دل میں اتار دیتا ہے جن کی اغوا سے واپسی کے بعد معاشرے کے لوگوں نے ان کو اپنا تو لیا تھا لیکن وہ دوبارہ بس کر بھی اجڑ گئیں تھیں۔ بیدیؔ کے افسانے لاجونتی کا آخری اقتباس قاری کو اس قدر متاثر کر دیتا ہے کہ لاجونتی ذہن گوشے گوشے میں بس جاتی ہے کہ ہمارے معاشرے کی نظر میں عورت کا وجود اتنا کمزور ہے کہ جیسے چھوئی موئی کا پودا ہاتھ لگانے سے کمہلا جاتا ہے ویسے ہی کسی دوسرے مرد کے ہاتھ لگانے کے تصور سے بھی عورت دوبارہ کبھی اپنے شوہر کی بیوی نہیں بن پاتی یہی عورت کا وجود ہے۔ راجندر سنگھ بیدیؔ نے لاجونتی کے اس کرب کو درج ذیل اقتباس میں بیان کیا ہے:۔

"۔۔۔وہ سندر لال کی وہی پرانی لاجو ہو جانا چاہتی تھی جو گاجر سے لڑ پڑتی اور مولی سے مان جاتی۔ لیکن اب لڑائی کا سوال ہی نہ تھا۔ سندر لال نے اسے یہ محسوس کرا دیا جیسے وہ۔۔۔ لاجونتی کانچ کی کوئی چیز ہے جو چھوتے ہی ٹوٹ جائے گی۔۔۔ اور لاجو آئینے میں

اپنے سراپا کی طرف دیکھتی اور آخر اس نتیجے پر پہنچتی کہ وہ اور تو سب کچھ ہو سکتی ہے پر لاجو نہیں ہو سکتی۔ وہ بس گئی "پر اجڑ گئی۔۔ سندر لال کے پاس اس کے آنسو دیکھنے کے لئے آنکھیں تھیں اور نہ ہی سننے کے لئے کان!۔۔۔ پربھات پھیریاں نکلتی رہیں اور محلہ ملاّشکور کا سدھارک رسالو اور نیکی رام کے ساتھ مل کر اسی آواز میں گاتا رہا۔۔۔۔۔"

"ہتھ لائیاں کملان نی 'لاجونتی دے بوٹے۔۔۔"

مندرجہ بالا تبصرہ و تزکرہ کے بعد یہ عیاں ہو جاتا ہے کہ راجندر سنگھ بیدی ایک کامیاب افسانہ نگار ہیں اور ان کے افسانہ لاجونتی اس کا شاہد ہے۔ آیئے دیکھتے ہیں کہ افسانہ لاجونتی کس طرح ایک بہتر افسانہ ہونے کے ضابطے مکمل کرتا ہے۔ بیدیؔ نے یہ افسانہ یوں تو تقسیم ہند کے پس منظر میں لکھا ہے۔ لیکن اپنی کہانی میں اشارہ و کنایہ کا استعمال کر کے اس افسانے کو زیادہ موئثر بنا دیا ہے۔ افسانہ کی کامیابی کا انحصار چند مخصوص عناصر پر ہوتا ہے۔ اس میں موضوع کا انتخاب، تمہید، پلاٹ، کردار، مکالمے، کہانی کا پس منظر اور اختتام افسانہ قابل غور حیثیت رکھتے ہیں۔

راجندر سنگھ بیدی کے افسانے اور موضوع کا انتخاب:۔ راجندر سنگھ بیدی اپنی کہانیوں کے موضوع کا انتخاب بہت سوجھ بوجھ اور سمجھداری کے ساتھ کرتے ہیں۔ افسانہ لاجونتی بھی اسی سلسلے کی ایک کڑی ہے۔ افسانہ لاجونتی پڑھنے کے بعد قاری کو خود بخود ایسا محوس ہونے لگتا ہے کہ بیدیؔ نے جس موضوع کا انتخاب کیا، اس کے ساتھ انصاف کیا ہے۔ اپنی انہیں خصوصیات کے تحت افسانہ لاجونتی اردو ادب کے بہترین افسانوں میں شمار کیا جاتا ہے۔

افسانہ لاجونتی کا عنوان:۔ زیر نظر افسانے کا عنوان اس افسانے کی ہیروئن لاجونتی کے نام پر رکھا گیا ہے، مکمل افسانہ لاجونتی کے ارد گرد گھومتا ہے لیکن دوسری طرف

بیدیؔ نے مجموعی تاثر کو بھی ذہن میں رکھتے ہوئے عنوان "لاجونتی" قائم کیا ہے۔

افسانہ لاجونتی کا آغاز:۔ کسی بھی افسانے کی تمہید قاری کے دل و دماغ کو بے حد متاثر کرتی ہے گویا افسانے کی تمہید اتنی موثر ہونی چاہئے کہ پڑھنے والا ان ابتدائی جملوں سے پورے افسانے کے بارے میں ایک گہرا تاثر قبول کرے اور پورا افسانہ پڑھنے کے لئے مضطرب ہو جائے۔ راجندر سنگھ بیدی اپنے افسانوں کی تمید بہت دلچسپ، نت نئے انداز میں تخلیق کرتے ہیں۔ افسانہ لاجونتی کی ابتداء ایک پنجابی گیت سے ہوتی ہے:،

"ہتھ لائیاں کملاں نی لاجونتی دیبوٹے۔۔۔۔۔"

یہ ابتدائی مصرع جو ایک پنجابی گیت ہے، تجسس کو بنائے رکھتا ہے اور قاری کو مکمل کہانی پڑھنے کی طرف راغب کرتا ہے۔

افسانہ لاجونتی پلاٹ کے حوالہ سے:۔ افسانہ نگار خام مواد کو ترتیب دینے کے لئے جو واقعات کے ربط و تعلق کے مطابق کہانہ کا جو ڈھانچہ تیار کرتا ہے اسے پلاٹ کہتے ہیں۔ افسانہ لاجونتی کا پلاٹ زندگی کے اصل احوال و واقعات اور تجربات سے مرتب کیا گیا ہے،، راجندر سنگھ بیدی نے عبارت آرائی سے بھی کام لے کر ایک مربوط اور مسلسل پلاٹ تیار کیا ہے۔

افسانہ لاجونتی اور مکالمے:۔ راجندر سنگھ بیدی کہانی کے موضوع، عنوان، پس منظر اور کرداروں کی نسبت سے مکالموں کا استعمال بخوبی جانتے ہیں۔ زیر مطالعہ افسانہ لاجونتی میں جزبات و احساسات اور واقعات کے اعتبار سے کہیں سادہ تو کہیں درد و سوز سے پر مکالمے دیکھنے کو ملتے ہیں۔ جب اغوا سے واپسی کے بعد لاجونتی واپس آتی ہے اور لال چند اس کے شوہر سندر لال کو یہ خبر سناتا ہے تو فطری مکالموں کی عمدہ مثال دیکھنے کو ملتی ہے:۔

لال چند، "بدھائی ہو سندر لال"

سندرلال نے میٹھا گڑ چلم میں رکھتے ہوئے کہا۔۔۔"کس بات کی بدھائی لال چند؟"

لال چند، "میں نے لاجو بھابھی کو دیکھا ہے"

سندرلال کے ہاتھ سے چلم گر گئی اور میٹھا تمباکو فرش پر گر گیا۔"کہاں دیکھا ہے؟"اس نے لال چند کو کندھوں سے پکڑتے ہوئے پوچھا اور جلد جواب نہ پانے پر جھنجھوڑ دیا۔

لال چند، "واگہ کی سرحد پر"

سندرلال نے لال چند کو چھوڑ دیا اور اتنا سا بولا "کوئی اور ہو گی۔"

یہ مکالمے انسان کے فطری جزبات کی عکاسی کرتے ہیں کہ سندرلال اپنی بیوی لاجونتی کی واپسی کی امید کھو چکا تھا۔ لیکن جب لال چند اس کو لاجو کی واپسی کی خبر دیتا ہے تو وہ حیران ہو جاتا ہے اور بے ساختہ اس کے دل کی کیفیت مکالموں میں عیاں ہونے لگتی ہے۔

افسانہ لاجونتی کے کردار:۔ افسانہ لاجونتی کے کردار بھی اپنے کردار کی نوعیت کے تقاضوں کو مکمل کرتے ہیں۔ سندلال اور اس کی بیوی اس افسانے کے مرکزی کردار ہیں۔ سندرلال بحیثیت شوہر سخت دل ہوتا ہے اور اپنی بیوی کو مارتا ہے تو دوسری طرف عورت ہونے کے ناطے لاجونتی اس کے تمام ظلم خنداں پیشانی کے ساتھ سہتی ہے۔ لیکن عورت کے حقیقی کردار اور اس کے تئیں معاشرے کے روایات و نظریات لاجو کی اغوا سے واپسی کے بعد بیدی بڑی زبکدستی کے ساتھ پردہ اٹھاتے ہیں۔ لاجونتی کا کردار راجندر سنگھ بیدی کی نایاب تخلیق ہے جو اردو افسانہ نگاری کا اہم کردار تسلیم کیا جاتا ہے۔

اختتام افسانہ:۔ افسانے کے اختتام پر انسانی نفسیات کی حقیقت سامنے آجاتی ہے اور

افسانہ قاری کے ذہن پر حزنیہ اور فکری کیفیت چھوڑ کر اپنے انجام کو پہنچ جاتا ہے۔ افسانہ لاجونتی اس اغوا عورت کی درد بھری داستان پر ختم ہو جاتا ہے جو بس کر بھی اجڑ گئی تھی اور اب وہ اپنے شوہر کی بیوی لاجو کبھی نہ بن سکتی تھی، وہ تو صرف اس کے لئے اب دیوی بن چکی تھی۔۔ پر بھات پھیریاں نکلتی رہیں اور محلہ ملاّ شکور کا سدھارک رسالو اور نیکی رام کے ساتھ مل کر اسی آواز میں گاتا رہا۔۔

"ہتھ لائیاں کملاں نی لاجونتی دے بوٹے"

راجندر سنگھ بیدی افسانے کا اختتام کچھ ایسے فطری انداز میں کرتے ہیں جو قاری کو غیر مانوس نہیں معلوم ہوتا اور ایسا لگتا ہے کہ کہانی کا یہ انجام بڑا مناسب اور بر محل ہے۔ بیدیؔ افسانے کے تمام عناصر پر ابتداء تا انتہا تک قادر رہ کر اپنی منفرد کہانیاں تخلیق کرتے ہیں۔ ان کے افسانوں میں پائی جانے والی معروضیت ان کے جذبے کو معتدل کرتی ہے۔ راجندر سنگھ بیدیؔ اپنی کہانیوں میں انسانی کرب و مسائل کو تو پیش کرتے ہیں لیکن ان کے اسلوب کی لطافت کے سبب یہ پریشانیاں اشتہار نہیں بنتی۔ بالآخر یہ کہ راجندر سنگھ نے فکر کی گہرائی اور انفرادی اسلوب کے ذریعہ اردو افسانے کو نئی معنویت عطا کی ہے اور افسانہ لاجونتی اس کی عمدہ مثال ہے۔

***

راجندر سنگھ بیدی: اردو کا قد آور اور منفرد افسانہ نگار

رؤف خلش

راجندر سنگھ بیدی

پیدائش: یکم ستمبر ۱۹۱۵ء

وفات: ۱۱ نومبر ۱۹۸۴ء

فارسی کا مشہور شعر ہے۔

بہر رنگے کہ خواہی جامہ می پوش

من اندازِ قدت رامی شناسم

اگر اس شعر کا اردو ترجمہ، شعر ہی میں کیا جائے تو کچھ یوں ہو گا۔

چُھپتے رہو جس رنگ میں تم بھیس بدل کر

ہم قد سے تمھارے، تمھیں پہچان گئے ہیں

بالکل یہی صورت بیدی کے اندازِ تحریر کی ہے کہ وہ تحریروں کے انبار میں بہ آسانی پہچانی جا سکتی ہے۔ انھوں نے کم و بیش (۷۰) سال کی عمر پائی اور اپنی ادبی زندگی کے (۵۰) برسوں میں جو تخلیقی سرمایہ اردو ادب کو دیا وہ اپنی جگہ ایک کارنامہ ہے۔ دیکھا جائے تو ان کی تخلیقات "مقدار" کے لحاظ سے کچھ زیادہ نہیں۔ یہی افسانوں کے چھ مجموعے (دانہ و دام، گرہن، کوکھ جلی، اپنے دکھ مجھے دے دو، ہاتھ ہمارے قلم ہوئے اور

مہمان) دو ڈراموں کے مجموعے (بے جان چیزیں اور سات کھیل) اور ایک ناولٹ (ایک چادر میلی سی) مطبوعہ شکل میں، یہ سرمایہ کُل دو ہزار صفحات پر مشتمل ہے۔ لیکن "معیار" کے لحاظ سے عالمی ادب کے کسی بھی کڑے سے کڑے انتخاب میں جگہ پانے کے قابل ہے۔

بقول قمر رئیس " بیدی کے افسانوں کی جڑیں ہندوستانی معاشرے اور زندگی میں بہت دور تک پھیلی ہوئی ہیں۔ اس کے علاوہ پیچیدہ سماجی رشتوں اور ان کی تہہ دار نفسیات کے ادراک کی بدولت "روحِ عصر" ان کے افسانوں میں "موجِ خوں" کی طرح دوڑتی نظر آتی ہے"۔

ان کے افسانوں میں " تہہ داری" کی شرح کرتے ہوئے کسی ہم عصر نے بہت خوب لکھا ہے کہ بیدی کی کہانیوں کو پڑھنے کے لئے پہلا صفحہ پڑھنے کی منزل سے گذرنا بہت ضروری ہے کیونکہ بعد میں ان کی تحریر، قاری کی دلچسپی پوری طرح اپنی طرف کھینچ لیتی ہے اوراس طرح قاری افسانہ ختم کئے بغیر نہیں رہتا۔ اس کا مطلب یہی ہوا کہ کہانی دھیرے دھیرے ذہن و دل پر اپنا رنگ جماتی ہے۔ اسے ایک خوبی ہی کہا جائے گا نہ کہ خامی۔ اس حقیقت سے قطع نظر کہ بیدی کے فن کی قدر شناسی ہر حلقۂ فکر کے اہلِ ذوق نے کی۔ پدم شری اور ساہتیہ اکیڈمی کے قومی اعزاز ملے۔ ہندوستان اور سویٹ یونین میں ان کی تصانیف پر ڈاکٹریٹ کے مقالے لکھے گئے (سویٹ یونین میں اس لئے کہ سماجی حقیقتوں کا مارکسی نظریۂ ان کے فن میں جابجا ملتا ہے اور اسی بناء پر وہ ترقی پسند ادب کے صفِ اوّل کے ادیب کہلاتے ہیں) اور یہ کہ ان کی تصانیف کے ترجمے ہندی، پنجابی، بنگلہ، مراٹھی، گجراتی کے علاوہ روسی، انگریزی، ترکی و جرمن وغیرہ میں ہوچکے ہیں، اس کے باوجود شاید اردو کے جدید افسانوی ادب میں ان کے فن کو جدید کلاسک (New

(Classic) کی حیثیت سے جیسا تسلیم کیا جانا چاہئیے، ویسا تسلیم نہیں کیا گیا۔

بیدی کے ہم عصر ادیبوں میں کرشن چندر، سعادت حسن منٹو، اُپیندر ناتھ اشک، خواجہ احمد عباس، بلونت سنگھ، قرۃ العین حیدر اور عصمت چغتائی جیسے صف اوّل کے تخلیق کاروں کی ایک کہکشاں ہے اور حیرت ہے کہ کسی ایک کا طرزِ بیان، دوسرے سے نہیں ملتا۔ ان سب میں اپیندر ناتھ اشک جو ان کا حلیف بھی ہے اور حریف بھی، بیدی کے بارے میں تنقیدانہ استدراک بھی رکھتا ہے اور ان کے فن کا مداح بھی ہے، کنہیالال کپور کے حولے سے لکھتا ہے کہ "بیدی تھیم کا بادشاہ ہے۔ بیدی کے بیشتر افسانوں میں کہانی نہیں صرف تھیم ہوتی ہے۔ اخبار یا کوئی کتاب پڑھتے ہوئے، دوستوں سے باتیں کرتے ہوئے یا بھیڑ بھرے بازار سے گزرتے ہوئے اپنی غیر آسودہ خواہشوں سے پریشان یا اپنے کردہ یا ناکردہ گناہوں سے پشیمان، اس کے دماغ میں کوئی لفظ یا فقرہ یا محاورہ یا کہاوت یا کوئی مبہم سا خیال آتا ہے بالکل اسی طرح جیسے سیپ کے منھ میں بہت ہی مہین ریت کا ننھا سا ذرّہ اور بیدی کا فنکار اس پر اپنے جوہر کی آب چڑھا کر اسے 'نایاب موتی' بنانے پر تُل جاتا ہے۔ وہ زندگی کے کسی کردار یا حادثے پر افسانہ نہیں لکھتا، وہ جزئیات کا 'اندر جال' بنتا چلا جاتا ہے اور ان میں قاری کو الجھائے رکھ کر اسے اس مقام پر لے جاتا ہے جہاں قاری کے دماغ پر وہ خیال پوری طرح نقش ہو جاتا ہے۔"

بیدی کے ناقدین عموماً بیدی کے افسانوں پر دو الزام ضرور لگاتے ہیں۔ ایک یہ کہ اس کے اعصاب پر عورت سوار ہے اور دوسرے یہ کہ وہ گھریلو زندگی کی چھوٹی چھوٹی مسرتوں اور دکھ درد میں کھو کر بڑی حقیقتوں کو نظر انداز کر دیتا ہے۔ دونوں الزام بھی درست نہیں۔ عورت، دراصل بیدی کا حاوی موضوع ضرور ہے لیکن اس سچائی کے ساتھ کہ وہ عورت کی جنسیات نہیں، نفسیات کو بیان کرتا ہے اور یہ کہ ماں کا کردار اسے

عورت کے ہر روپ میں نظر آتا ہے۔ اب رہا گھریلو زندگی کی چھوٹی چھوٹی مسرتوں میں کھو جانا تو انہی جزئیات کی مدد سے وہ بڑی حقیقتوں کا تانا بانا بنتا ہے۔ وہ چاہتا ہے کہ اندرونی جبلتوں اور خواہشوں کی موزوں تربیت سے انسان مہذب، شائستہ اور صحت مند بن جائے۔ ڈاکٹر محمد حسن کے الفاظ میں: "دنیا کے سارے فکری، جذباتی اور معاشرتی انقلاب کا مرکز، شخصیت کی یہی پُر اسرار توازن پیدا کرنے کی صلاحیت ہے۔"

خود بیدی نے اپنی تحریروں کے تعلق سے غالب ایوارڈ کی تقریب کے موقع پر ایک تحریر میں اپنے فن کے بارے میں لکھا تھا:

"اپنے ہاتھوں میں قلم اٹھا کر، کاغذ پر نظریں جما کر دیکھتا ہوں اور سوچتا ہوں کہ کسی نے کہا تھا۔

کبھی پیلے سیہ کاغذ پر سیاہ لفظوں میں کچھ لکھنا
کبھی نظروں سے لکھ کر یوں ہی کاغذ کو جلا دینا

یعنی قلم اور کاغذ کا رشتہ قائم ہے اور میں ضرور لکھوں گا، اور اب تک جو لکھا ہے وہ پوری ایمانداری اور جتن سے لکھا ہے۔ شاید اسی لئے اب بھی لکھنے کی خواہش باقی ہے!"

اب کچھ باتیں ان کی فلمی زندگی کے بارے میں۔۔۔ بیدی صاحب ۱۹۴۹ء میں ممبئی آئے اور اُن کی ادبی شہرت اُن کے ساتھ آئی۔ ایک مستند رائٹر کی حیثیت سے اُن کا اونچا مقام محتاجِ تعارف نہیں تھا۔ چنانچہ وہ جس شان سے آئے اُسی انداز سے فلم انڈرسٹری پر چھا گئے۔ پہلی فلم "بڑی بہن" کے کامیاب منظر نامے اور مکالموں سے ان کی شہرت پھیل گئی۔ پھر دلیپ کمار کی کئی فلموں داغ، دیوداس اور مدھومتی کے مکالمے لکھے۔ ان مکالموں نے ان فلموں میں ایک نئی جان ڈال دی۔ رشی کیش مکرجی جیسے باصلاحیت ڈائرکٹر کے لئے انوپما، مسافر، انورادھا، ستیہ کام اور میم دیدی جیسی صاف ستھری فلمیں لکھیں اور

سہراب مودی کے لئے 'مرزا غالب' کے مکالمے لکھے۔ ان تمام فلموں میں بیدی نے اپنی ادبیت قائم رکھی اور ان کا معیار نیچا نہ ہونے دیا۔ انہوں نے اپنے مشہور ریڈیو ڈرامہ "نقل مکانی" پر مبنی ایک اسکرپٹ لکھی اور "دستک" کے نام سے فلم بنائی جس کے پروڈیوسر ڈائرکٹر وہ خود تھے اور جو فنّی اعتبار سے ایک چونکا دینے والی تجرباتی فلم ثابت ہوئی۔ اُن کی کہانی "گرم کوٹ" اور ناولٹ "اک چادر میلی سی" پر بھی فلمیں بنیں۔ انہوں نے ایک کمرشیل ٹائپ کی فلم "پھاگن" بھی بنائی جو زیادہ کامیاب نہ ہوئی۔

۱۹۷۹ء میں بیدی صاحب پر فالج کا حملہ ہوا اور ۱۱رنومبر ۱۹۸۴ء کو وہ ممبئی میں انتقال کر گئے۔ راجندر سنگھ بیدی اپنی ندرتِ فکر و فن اور منفرد اسلوب کے سبب ادب و فلم کی تاریخ میں ہمیشہ یاد رکھے جائیں گے۔

***